Débora Di Véroli
Eduardo Schmunis

Arquitectura y envejecimiento

Débora Di Véroli
Eduardo Schmunis

Arquitectura y envejecimiento

Hacia un Hábitat inclusivo

nobuko

Di Véroli, Débora
Arquitectura y envejecimiento: hacia un hábitat inclusivo / Débora Di Véroli y Eduardo Schmunis. - 1a ed. - Buenos Aires: Nobuko, 2008.
188 p.: il.; 21x15 cm.

ISBN 978-987-584-171-0

1. Arquitectura. I. Schmunis, Eduardo II. Título
CDD 720

Diseño general | Sheila Kerner
Imagen digital y CAD | Liliana Foguelman

Hecho el depósito que marca la ley 11.723

Julio de 2008

A todos los que hicieron posible mi camino en el tema de
este libro: Dra. Gloria Gutman, Dr. James Sykes,
Dr. Carlos Mangone, Dr. Isidoro Fainstein,
que me impulsaron, sostuvieron, creyeron en mi
y me abrieron caminos.
A todos los que generosamente me dedicaron su tiempo,
me acompañaron en casi veinte años en la docencia,
y en la búsqueda: Dr. Raúl Arizaga, Dr. Juan Hitzig,
Dr. Noé Vinocur, Lic. David Zolotow.
A los que aún hoy están conmigo en la tarea
de transmitir conocimientos: Mg. Silvia Gascon,
Lic. Cristina Lombardi, Dra Claudia Jaroslavsky,
Al Dr. Ginés González García, que tuvo fe en mi ideal
de crear una Maestría en Gestión de Servicios
de Gerontología, en la Universidad ISALUD.
A ellos dedico este trabajo.

ARQ. DÉBORA DI VÉROLI

Dedico este libro a la memoria de mi padre,
el Dr. Abraham Schmunis, pionero de la odontología social,
quién sin saberlo me marcó el camino.
Mi agradecimiento a Débora, incansable compañera en la
temática del Hábitat para la Tercera Edad,
por su invitación a escribir juntos éste libro.

ARQ. EDUARDO SCHMUNIS

Prólogo

Desde hace ya largo tiempo, el incesante aumento del envejecimiento poblacional y sus consecuencias para toda la sociedad, hace que el tema de la Tercera Edad sea reconocido como un problema de todos; pero desde la Arquitectura hemos hecho muy poco para entenderlo, ocuparnos y proponer salidas y soluciones. La Sociedad Central de Arquitectos cuenta con un Centro dedicado especialmente al estudio del Hábitat para la Tercera Edad. Los arquitectos Débora Di Véroli y Eduardo Schmunis que lo crearon hace ya algunos años, son sus responsables y realizan una encomiable e incansable tarea de difusión, investigación, docencia y aprendizaje. El insistente reclamo que ambos realizan dentro y fuera de la Institución a nivel Nacional e Internacional, está vinculado con algo que ya está presente en sociedades como la nuestra: se le ha dedicado poco interés y mucho menos recursos al tema del Hábitat para la Tercera Edad. El cuidado de este importante sector de nuestra sociedad queda en manos en el mejor de los casos de familiares y algunas instituciones solidarias, que no siempre dan respuesta integral a un problema de variadas aristas y un Estado que algo da pero que es insuficiente para contener y cuidar. El tema pareciera concluir en el grupo básico singular o familiar, pero el problema, como suele ocurrir cuando no se atiende como corresponde, no desaparece, crece. La rapidez con que los modelos de familia están evolucionando, lo mismo que sucede con el envejecimiento poblacional en países como los nuestros, obligan a dedicar una atención muy especial a los problemas relacionados con la ancianidad. Las nece-

sidades de las personas de edad no pueden quedar solucionadas con el aumento de Hogares para ancianos.
Es necesario hacer un estudio de las necesidades de los ancianos en las sociedades modernas y organizar servicios de asesoramiento, readaptación educacional, recreo, etc. para obtener una integración funcional con la sociedad. Dotar de un Hábitat a esta creciente población que entre otras situaciones sociales, sufre la falta de viviendas, espacios y edificios públicos, mobiliario urbano y transporte accesibles, es un tema muy importante para los arquitectos, urbanistas y diseñadores entre otras numerosas disciplinas con incumbencias vinculadas. El libro que se presenta es un aporte, que se suma en este camino, que es de interés para toda la sociedad.

ARQ. DANIEL SILBERFADEN
Presidente de la Sociedad Central de Arquitectos
Período 2007-2010

Introducción

Este meritorio y calificado libro de los arquitectos Débora Di Véroli y Eduardo Schmunis es una valiosa herramienta conceptual y educativa, cargada de significación; es comprensible, legible, estimulante y tonificante.
Despliegan en él una inteligencia analítica, creativa y práctica. Transmiten ideas, meditan, interpretan, opinan y nos hacen pensar y reflexionar. Plantean propuestas con un criterio pragmático y constructivo, dentro de las condiciones contextuales de nuestro país, para resolver problemas de diversa índole acerca de la situación habitacional de los Adultos Mayores en la Argentina. Analizan la accesibilidad a las edificaciones, al espacio urbano, en el transporte y a los sistemas y medios de comunicación sensorial. Abordan las características arquitectónicas y los criterios de diseño de las alternativas habitacionales para ellos: viviendas protegidas o asistidas, hogares de día, residencias de larga estadía y viviendas para Adultos Mayores con enfermedad de Alzheimer u otras demencias. Pasan revista –podría considerarse una extravagancia en nuestras condiciones actuales, pero no en el mediano o largo plazo– a las ayudas técnicas y a las nuevas tecnologías electrónicas, informáticas o robóticas aplicadas a las viviendas o edificios domóticos o inteligentes, herramientas portentosas de bienestar y confort en general, a la vez que son protéticas para personas con distintas discapacidades.
La geriatría y la gerontología tienen una querendona afinidad y se ocupan de los aspectos biológicos, psíquicos, sociales y económicos del envejecimiento humano. Abarcan fenómenos multidimensionales que tienen un alto grado de

complementariedad y mantienen un equilibrio dinámico con el entorno.
El medio ambiente y el Hábitat humano –materia gerontológica– son algunos de los condicionantes de la salud y el bienestar de los Adultos Mayores, impactando en su calidad de vida. No son estos aspectos decorativos ni frívolos; su significación excede lo arquitectónico y tiene un alto valor político, social, legal, asistencial, moral, psicológico y cultural.
El explosivo envejecimiento de las poblaciones en nuestro país y en el resto del mundo, plantea nuevos desafíos que las sociedades deben enfrentar.
En este grupo etario en el que hay una mayor proporción de vulnerabilidad y fragilidad, la impostergable tarea de encontrar respuestas eficientes debe estar impregnada con las concepciones de prevención y promoción de la salud, rehabilitación y resocialización, siendo necesario tener en cuenta que el Hábitat es parte de la imagen de identidad, de pertenencia y autoestima de los Adultos Mayores y ancianos.
Registran el marco normativo y legal ad-hoc, exponen líneas de acción, citan un instrumento interesantísimo, como las hipotecas revertidas y sin metonimias, entran en la dialéctica del debe y el haber de los derechos humanos en Argentina. Afirman que el derecho a la ciudad, la accesibilidad al medio físico y el derecho a la vivienda de los Adultos Mayores, son en sí, los vectores de la idea inclusiva de ciudadanía y enfatizan que en defensa de sus derechos deben exigir el cumplimiento de la Constitución Nacional, de todas las leyes y de los tratados internacionales sobre todos estos temas que hacen a su calidad de vida.
Considero que las políticas sociales eficaces son las que actúan anticipadamente sobre las zonas de precariedad o vulnerabilidad. Pero no hay políticas correctas si se deciden a partir de la ignorancia o la falta de idoneidad o si su metodología de aplicación es ineficaz por las carencias y la perniciosa matriz de la “ineptocracia”.

La crónica involución institucional y política restringen los derechos de los Adultos Mayores, restan recursos a la seguridad social y corroen constantemente sus expectativas de justicia. La inmensa mayoría de ellos no tienen asegurados sus derechos sociales y sus jubilaciones –su salario– son la variable de ajuste de los planes económicos, que los condenan a una regresión a niveles primarios para subsistir, relegando otros valores. Esta estafa permanente y esta inequidad son los pares de la exclusión social, la precariedad y la inseguridad jurídica.

Antes de compendiar quisiera hacer constar algo cosechado en mi larga experiencia:

"No siempre el hogar es el mejor lugar para el viejo".

Los autores han evidenciado sus notables condiciones para articular y sistematizar información de rigurosa actualidad y explicar y orientar con autoridad y convincente ilustración sobre los problemas en juego. Es un verdadero ejercicio de elucidación: saber lo que se piensa para saber luego lo que hay que hacer.

Aprecio la profunda significación de esta sinergia, esta acción concurrente para vibrar en consonancia y proyectarse a la comunidad y espero que ésta, inclusive las autoridades, sepan captar un reflejo de su resplandor, soluciones concretas y sustentables en el corto, mediano y largo plazo.

Dr. Isidoro Fainstein
Presidente de la Sociedad Argentina
de Gerontología y Geriatría
Período 2006-2008

Palabras iniciales

Porqué escribimos este libro? Porque somos personas, ciudadanos y arquitectos que nos preocupamos por la calidad de vida. La calidad de vida resume las condiciones de bienestar y seguridad, especialmente importantes durante el período de la vejez.

Asimismo, desde hace casi 20 años estamos investigando las características y condiciones del proceso de envejecimiento en su relación con el Hábitat humano. También hemos desarrollado proyectos de arquitectura para la Tercera Edad, desde el campo de la gerontología.

La Gerontología es el campo de prácticas y conocimientos que tienen como referente al proceso del envejecimiento humano, en cuanto fenómeno dual, desde lo bio-cronológico hasta lo psico-socio-cultural.

La Gerontología es una disciplina que sobrepasa las fronteras disciplinarias y sólo puede abordarse desde lo interdisciplinario.

El objetivo principal de este libro es el de proporcionar un instrumento, desde la perspectiva arquitectónica, para los interesados en la temática gerontológica y en el que estén contenidos los diversos aspectos conceptuales que confluyen a las tareas de proyecto de los espacios necesarios para una población envejeciente.

En el desarrollo del texto, el lector podrá recorrer desde el significado del proceso de envejecimiento hasta los programas más detallados que lo ayuden a encontrar las soluciones para los distintos tipos de proyectos que se le presenten.

El aumento de población mayor de 60 años en el mundo y en nuestro país, ha puesto de relieve que ni las ciudades ni las actuales viviendas, están en condiciones de asegurar la calidad de vida a que este grupo etario (como cualquier otro grupo) tiene pleno derecho, como una de las formas de asegurar su plena inclusión social.

La vivienda tiene un enorme significado para los seres humanos así como todo su entorno e infraestructura. Y especialmente, cobra enorme valor en los años de la vejez.

Espacios construidos y naturales son los lugares donde se desarrolla la vida humana, desde el nacimiento hasta la muerte, es decir, durante el curso total del envejecimiento humano.

Consideramos necesario que estudiantes y profesionales de la arquitectura y de la ingeniería conozcan las características y necesidades del proceso de envejecimiento y de su etapa final, la vejez, ya que todas las personas, con sus distintas capacidades físicas y mentales, van a ser usuarios de los espacios a construirse.

La arquitectura procura resolver las necesidades de la vida humana, en cuanto a su relación con los espacios y el medio ambiente.

Capítulo 1

¿QUÉ ES EL ENVEJECIMIENTO?

El envejecimiento es un proceso de naturaleza dual: por una parte es bio-cronológico, propio de los seres vivos y simultáneamente, es de características psico-socio-cultural, que los afecta desde el nacimiento hasta la muerte.
El envejecimiento tiene cuatro características:
1ra.- **es universal**, porque es para todos;
2da.- **es continuo**, porque no se detiene;
3ra.- **es irreversible**, porque no retrocede y
4ta.- **es diferenciado**, porque todas las personas envejecen de distinta forma, según su desarrollo psicobiológico, carga genética, entorno geográfico de residencia y trabajo, historia de vida, situación económica, hábitos alimentarios, desarrollo cultural y condiciones de vivienda.
Se denomina envejecimiento poblacional al fenómeno expresado por el incremento de la cantidad de personas mayores de 60 años sobre el número de la población total (Organización Mundial de la Salud –OMS– 1ra Conferencia sobre el Envejecimiento Humano, Viena, 1982) y se definió que una población está envejecida cuando el número de las personas mayores de 60 años supera el 7% de la población total.

La transición demográfica en el mundo y en la Argentina

La transición demográfica es el fenómeno producido entre fines del siglo XIX y comienzos del siglo XX, y se expresó por

el envejecimiento poblacional, cuyas causas fueron la baja natalidad, el descenso de la mortalidad y las migraciones.
La baja natalidad se produjo por la incorporación de las mujeres al mundo del trabajo, al decidir ellas no tener familias numerosas como eran las de sus grupos de origen.
El descenso de la mortalidad se produjo por el desarrollo de las obras sanitarias (agua potable y desagües cloacales) y los avances de la medicina, especialmente a través de las vacunas. Se experimentó una transición en las causas de muerte, al pasarse de las enfermedades agudas e infecciosas a las enfermedades crónicas y degenerativas.
Las migraciones no tuvieron una gran importancia, aunque se debe indicar que en los pueblos de donde partían los inmigrantes, quedaba básicamente la población anciana y pocos niños.
El Plan de Acción Internacional de Madrid sobre el Envejecimiento (UN, 2002) dice:
"Aunque los países desarrollados han podido envejecer gradualmente, se enfrentan a problemas resultantes de la relación entre el envejecimiento y el desempleo y la sostenibilidad de los sistemas de pensión, mientras que los países en desarrollo afrontan el problema de un desarrollo simultáneo con el envejecimiento de la población".
El envejecimiento poblacional en los países desarrollados se produjo a lo largo de un siglo, mientras que en los países en desarrollo se produce en un período de tiempo muchísimo menor, por lo que sus sociedades no han tenido tiempo para asimilar las consecuencias de este fenómeno y por supuesto para adecuar su Hábitat a las nuevas necesidades.
A nivel mundial, se prevé que entre los años 2000 y 2050 la proporción de personas de 60 años y más se duplicará y pasará del 10% al 22%; se proyecta en cambio, que el porcentaje correspondiente a los niños se reducirá en un tercio y pasará del 30% al 21%. En los países en desarrollo, se prevé que para el 2050 el porcentaje de personas de edad aumentará del 8%

al 19%, mientras que el de niños descenderá del 33% al 22%. Aunque actualmente la inmensa mayoría de las personas de edad de los países desarrollados vive en zonas definidas como urbanas, la mayoría de las personas de edad de los países en desarrollo viven en zonas rurales. Para el 2025 el 82% de la población de los países desarrollados vivirá en zonas urbanas, mientras que menos de la mitad de la población de los países en desarrollo vivirá en ellas.
El número de personas de 80 años y más, llegó a los 70 millones en el año 2000 y se proyecta que esa cifra se quintuplicará en los próximos 50 años.
El Estudio Económico-Social de CEPAL 2007, pronostica para el año 2050 un aumento para América Latina del 500% de los Adultos Mayores de 80 años y más.
En la Argentina, se presenta una particular diferencia con lo expresado más arriba, ya que la población de Adultos Mayores de 60 años y más, es altamente urbana, pues el 92% de ella viven en ciudades. Asimismo es importante recordar que la Argentina, a diferencia del resto de los países de América Latina, tiene su población total altamente urbanizada, llegando ésta a representar el 90%.
A los efectos de tener una apreciación de la magnitud del cambio demográfico, la población mundial mayor de 60 años en 1950 representaba el 8% del total; en el 2000, los mayores de 60 años eran el 10%, y se calcula que para el 2050, podrían ser el 22%. La población mundial de Adultos Mayores de 60 años y más crece a una razón del 2,6% anual, mientras que la población total crece a razón del 1,1% anual. Los países desarrollados tienen hoy aproximadamente un 20% de Adultos Mayores de 60 años y más y en el 2050 serían un 30%. En los países en desarrollo, el mismo grupo etario representan actualmente, aproximadamente el 8% y en el 2050 serían un 20%. Es decir, que para el próximo medio siglo, el mundo en desarrollo estaría llegando a los niveles que tiene hoy el mundo desarrollado.

La Argentina tenía en 2001 un 13,43% de personas mayores de 60 años y se calcula que para el 2050 serían el 17% de la población total. Para ver la magnitud de este fenómeno nacional de envejecimiento poblacional, tengamos en cuenta que para el Censo 2001, las personas mayores de 80 años eran 753.000 y se calcula que para el 2025 (CEPAL–CELADE, mayo 2004) serán 1.307.000 (es decir un aumento del 73,11%). En la Ciudad Autónoma de Buenos Aires, las personas mayores de 60 años representaban en el 2004 el 22% de su población total.

La feminización del envejecimiento

Es el aumento del número de mujeres envejecidas sobre el número de hombres envejecidos.
Se sabe que las mujeres viven más años que los hombres y que esta tendencia seguirá en aumento, pero que esos más años de vida conllevarán más discapacidades físicas y mentales. Esto es muy importante para el diseño de políticas de salud, de servicios y de vivienda para la Tercera Edad.
Para tener una idea de la magnitud de la feminización del envejecimiento, indicamos, a modo de ejemplo, que las mujeres mayores de 60 años y más en la Argentina y en la Ciudad Autónoma de Buenos Aires (Censo 2001) representaban el 57,80% y el 54,67% respectivamente.

Esperanza de vida en el mundo y en la Argentina

"La esperanza de vida al nacer es el número promedio de años que viviría un recién nacido, si en el transcurso de su vida estuviera expuesto a las tasas de mortalidad específicas por edad y por sexo prevalentes al momento de su nacimiento, para un año específico, en un determinado país, territorio o área geográfica" (OMS).

La esperanza de vida al nacer refleja el nivel de mortalidad de la población. Resume la pauta de mortalidad que prevalece en todos los grupos de edad.
Las diferencias en la esperanza de vida son directamente proporcionales a la pérdida de equidad en el acceso a la atención médica y están relacionadas con la pobreza y todas sus implicancias, tanto en niveles regionales como nacionales, teniendo en cuenta las condiciones del medio ambiente.
La esperanza de vida al nacer sigue aumentando actualmente en los países desarrollados, mientras que en los países en desarrollo este aumento es más lento y en algunos de ellos, por razones socioeconómicas, no se da tal aumento y en realidad, es regresivo.
Argentina, Costa Rica, Chile, Cuba y Uruguay son los países de América Latina que más van acercando sus esperanzas de vida al nacer, a las de los países desarrollados.
A modo de ejemplo indicamos que la esperanza de vida al nacer en la Argentina es de 78,9 años para las mujeres y de 70,7 años para los hombres, (2001).
También debe tenerse en cuenta el concepto de "esperanza de vida libre de discapacidad, que se interpreta como el número medio de años sin discapacidad que podría esperar vivir una persona en cada una de las diferentes edades cumplidas, si se mantuviesen estables la tasa de mortalidad y la prevalencia de discapacidad por edad y por sexo... El porcentaje de esperanza de vida vivido sin discapacidades se considera una medida relativa del estado de salud o de calidad de vida" (Revista Española de Salud Pública V. 81, Nº 2, Madrid, marzo-abril 2007).
El alargamiento de la vida en edades avanzadas ha traído más discapacidades y a medida que se avanza en las edades, las ayudas para las Actividades de la Vida Diaria y las Actividades Instrumentales de la Vida Diaria se van haciendo cada vez más necesarias, aumentando de forma casi exponencial.

Las Actividades de la Vida Diaria son las tareas del diario vivir: levantarse, bañarse o ducharse, vestirse, comer, usar el inodoro, sentarse y acostarse. Son el conjunto de conductas que una persona lleva a cabo con una frecuencia casi cotidiana.
El índice de Katz es un instrumento que valora mediante escalas la independencia de la persona para desarrollar las actividades mencionadas.
Independencia: significa sin supervisión, dirección o ayuda personal activa. Se basa en el estado del momento actual y no en la capacidad de hacer las acciones.
Las Actividades Instrumentales de la Vida Diaria son las que permiten a una persona adaptarse a su entorno y mantener su independencia en la comunidad; incluyen actividades como: hablar por teléfono, hacer compras, cocinar, el aseo de la casa, utilizar medios de transporte, manejar la medicación y el dinero, etc.
El índice de Lawton y Brady es un instrumento que valora la capacidad de desarrollo de las tareas que implican el manejo de utensilios habituales y las actividades sociales del día a día. Permite evaluar el estado cognitivo y puede utilizarse para la detección precoz del deterioro del mismo.
La prolongación de la vida no ha sido acompañada de una mejora en la calidad de la misma. Como ejemplo, los magros haberes jubilatorios no aseguran la calidad de vida así como tampoco las viviendas, los transportes y los espacios públicos no accesibles a personas muy envejecidas y frágiles. Esto desde el campo de la morbilidad, se acompaña con el predominio en edades muy avanzadas de las enfermedades crónicas, degenerativas y discapacitantes.
El aumento de la esperanza de vida y la multiplicación más acelerada de la población de Adultos Mayores de 80 años y más, traerá situaciones asistenciales muy complejas.
La posibilidad del aumento de las enfermedades durante la vejez de los Adultos Mayores, especialmente las crónicas y

las discapacitantes, empañan sus longevidades que necesitan cada vez más de atención personalizada junto con servicios que tengan incorporadas nuevas tecnologías, con un eventual incremento del número de institucionalizaciones en establecimientos de rehabilitación o de larga estadía, donde son imprescindibles los espacios accesibles y el equipamiento adecuado a las particulares necesidades de este grupo etario.

El posible incremento de este grupo, hará que muchos de ellos vivan solos, porque no tendrán redes primarias de apoyo.

Dice Abraham Monk (1997) que "...a partir de 2025 el número de parientes disminuirá palpablemente debido a la caída de la tasa de natalidad..., al fenómeno de las familias verticalizadas y la realidad asistencial deberá recaer entonces sobre redes de apoyo coetáneas pero no consanguineas..."

La vejez

Existen muchas opiniones y teorías sobre qué es la vejez. El término *vejez* es considerado desde distintas ópticas: comenzando por la cronológica, pasando por los conceptos bio-médicos, los psicológicos y hasta los sociológicos, que asimismo han variado según los períodos históricos y las diferencias culturales.

El enfoque cronológico que dice que uno es viejo o transcurre la vejez a partir de los 60 años (según la definición de la OMS) es insuficiente, así como el bio-médico que equipara vejez con enfermedad y/o discapacidad. Nosotros creemos que una definición más acorde con los objetivos de este libro, es la que reconoce como determinante a la subjetividad del propio sujeto envejeciente, ser social que construye su propia vejez, en el marco de su propio envejecimiento diferencial, a la vez que le van sucediendo distintos fenómenos biológicos.

Así como el sujeto va construyendo su vejez, la sociedad desarrolla sus conceptos e imágenes sobre la misma. Debemos decir que la sociedad actual tiene y desarrolla una mala imagen de la vejez. Cuando esto se transforma en acciones, estamos ante el fenómeno discriminatorio del *viejismo*, descripto por Robert Butler (1969) como: "el prejuicio de un grupo contra otro, que se aplica principalmente al prejuicio de la gente joven hacia la gente vieja."

Dicen María Julieta Oddone y Leopoldo Salvarezza que: "*el viejismo* es una conducta social compleja y tiene dimensiones históricas, culturales, sociales, psicológicas e ideológicas y es usada para devaluar consciente o inconscientemente el status social de las personas viejas" (Informe sobre Tercera Edad en la Argentina, 2000).

Laura Golpe (2003), refiriéndose al *viejismo* dice que "se estructura a partir de la falta de reconocimiento por el derecho humano a ser diferente y a sostener idéntica dignidad en cualquier etapa de la trayectoria vital" y que "se los convierte (a los seres humanos) arbitrariamente en *obsoletos* sin otra mediación que cruzar la frontera de los 60 años o celebrar el rito de la jubilación."

Dice Luisa Myrtha Bidegain (2003) que "las prácticas discriminatorias de exclusión muestran la hostilidad de la sociedad hacia una parte de ella misma, como es el grupo de las personas que envejecen."

Cabe decir acá, en buen criollo, que los grupos jóvenes (sin darse cuenta) "se están cavando su propia fosa", ya que sostienen aquellas ideas que se les volverán en contra cuando sean Adultos Mayores.

La imagen que la sociedad tiene de los ancianos está ligada a la errónea idea generalizante de que "son enfermos, pasivos, desganados, regresivos, asexuados, están esperando la muerte, etc." De manera contrafóbica y agresiva, para no mirarse en el espejo de lo que podría sucederle en el futuro (de no modificarse estas conductas sociales), la sociedad

evita lo referido a los viejos y a las vejeces, produciendo sobre este grupo etario, situaciones de silencio, procurando su "invisibilidad".
Así se articula un proceso de exclusión social sobre los Adultos Mayores.
"La exclusión es el proceso social de separación de un individuo o de un grupo de las posibilidades laborales, económicas, políticas y culturales a los que otros tienen acceso y disfrutan" (L. Gastron, J. Vujosevich, Primera Conferencia Regional de la Asociación Internacional de Sociología en América Latina, 2001).
Son excluidos los que no participan plenamente en la vida social; los que no pueden cumplir con los objetivos de bienestar; los que no pueden desarrollar su potencial humano en toda su dimensión.
Esta situación es pasible de ser revertida mediante procesos de educación y acciones intergeneracionales que expliquen y aclaren el sentido universal del envejecimiento, junto con el desarrollo de programas que mejoren la calidad de vida de los Adultos Mayores, desde los aspectos financieros, el cuidado de la salud y la accesibilidad física en la vivienda, en los espacios públicos y privados, en el transporte y en las comunicaciones.
Estas prácticas de exclusión las podemos ver a través de la existencia de mitos sobre la vejez en el imaginario social y en la falta de satisfactorios servicios de la seguridad social, en un marco donde el entorno físico y la sociedad no facilitan la mejora constante de la calidad de vida que este cada vez mas importante grupo etario exige.
La falta de accesibilidad al medio físico (tema que desarrollaremos más adelante) es uno de los efectos más importantes de estas acciones de discriminación que se dan en espacios públicos y privados, así como en el transporte y en las comunicaciones.
Los aspectos más relevantes de este proceso discriminatorio,

que incluye el abuso y el maltrato, se observan también en la falta de espacios, servicios y políticas (tanto en los ámbitos privados como en los públicos) que favorezcan la plena inclusión social de este grupo etario.
A los efectos de este libro, definiremos a la vejez como la etapa final del proceso de envejecimiento, después de un largo curso de vida.
Es importante destacar, que no se debe hablar de *la vejez,* como si esta fuera igual para todas las personas envejecientes, sino de *"las vejeces"*, ya que todas ellas tienen características diferentes, teniendo en cuenta el concepto de envejecimiento diferenciado.

Salud, Hábitat y Envejecimiento

La salud no se define actualmente como la ausencia de enfermedad, sino como el equilibrio bío-psico-social. Es importante desterrar el mito de que envejecimiento y vejez equivalen a enfermedad.
El medio ambiente (en lo relacionado con la ecología, lo climático, el agua, la polución ambiental, la disposición de los desechos de todo tipo, etc.) es uno de los condicionantes de la salud, junto con la biología humana, el estilo de vida, la atención sanitaria y el entorno físico en el cual se desarrolla el individuo.
El Hábitat, como concepto general, se refiere al espacio que reúne las características físicas y biológicas necesarias para la supervivencia y reproducción de una especie.
El Hábitat Humano se refiere a los factores materiales e institucionales que condicionan la existencia de una población humana localizada. Está determinado por razones históricas, económicas, sociales, culturales, geográficas y climáticas.
Un Hábitat satisfactorio es beneficioso para la salud y el bienestar, al mejorar la calidad de vida.
"La calidad de vida en relación con el envejecimiento y la

vejez reúne los aspectos globales de la salud y el bienestar. La calidad de vida de una persona anciana está vinculada a su entorno y comprende el hábitat seguro y accesible en macro y micro situaciones que incluyen la vivienda, el transporte, las comunicaciones, los ingresos y cuidados adecuados, como así también la satisfacción de los principales objetivos de la vida: la familia, los amigos y la sociedad)." (G. Urroz).

Es preciso tener en cuenta que el enfoque sobre la salud pública ha cambiado, al pasar de concebir a las causas específicas de las enfermedades como el único factor limitante de la salud, a incluir todos los factores de riesgo (ambientales, psico-biológicos y sociales). La salud es un recurso de la sociedad, junto con los recursos sociales y personales. Desde la arquitectura y el diseño es posible optimizar este recurso, brindando al grupo de Adultos Mayores un Hábitat adecuado a sus necesidades.

La salud es entonces, el proceso dinámico entre el hombre y su entorno.

El Hábitat satisfactorio está contenido en el concepto del *envejecimiento activo* que es "el proceso de optimización de las oportunidades de salud, participación y seguridad, con el fin de mejorar la calidad de vida a medida que las personas envejecen" (OMS, 2000).

Con relación a la importancia de favorecer la creación de entornos propicios y favorables al envejecimiento, el Plan de Acción (UN, 2002) antes mencionado, recomienda: "...adoptar políticas que habiliten a las personas de edad y respalden sus aportes a la sociedad. Esto incluye el acceso a los servicios básicos, tales como el agua potable y los alimentos adecuados. Es necesario, también, adoptar políticas que fortalezcan el desarrollo y la independencia durante toda la vida y presten apoyo a las instituciones sociales sobre la base de los principios de la reciprocidad y la interdependencia."

Con relación a la vivienda y las condiciones de vida, también

recomiendan las Naciones Unidas, (Madrid, 2002):
"Vincular la vivienda asequible con los servicios de protección social para lograr la integración de las condiciones de alojamiento, la atención a largo plazo y las oportunidades de interacción social."
"Facilitar el crecimiento de todas las nuevas formas de transporte público y privado en las zonas urbanas, como las empresas y servicios basados en la vecindad."
Respecto de esta última propuesta, todos los transportes, servicios y comunicaciones deben ser accesibles, tanto en zonas urbanas como rurales.

Hábitat urbano y rural

El Hábitat puede ser por sus características: urbano o rural (este último puede ser agrupado o disperso).
El Hábitat urbano se puede definir como vivienda más servicios e infraestructura. Las viviendas, los lugares para el trabajo, el estudio y los cuidados de la salud, los espacios para la recreación, los espacios verdes, el espacio público, el transporte, el mobiliario urbano y las redes de agua potable y cloacas, electricidad, gas y comunicaciones son sus componentes.
El Hábitat rural es donde vive la población agrupada en localidades con menos de 2.000 habitantes (Censo 2001, INDEC) y la población dispersa en campo abierto.
El Hábitat rural se caracteriza por carecer de una gran cantidad de los servicios e infraestructura que definen al Hábitat urbano. Especialmente, es en el Hábitat rural disperso donde encontramos situaciones de viviendas con bajísimas condiciones de habitabilidad: techos y paredes de diversos materiales en mal estado, pisos de tierra, solados rotos con desniveles, calefacción a leña o carbón, baños externos, falta de agua corriente y de instalaciones cloacales, falta de servicios de electricidad y gas por redes, dificultades

en el acceso a los medios de transporte, etc.
Los países desarrollados tienen elevados índices de población de Adultos Mayores urbanos y bajos índices en áreas rurales. Los países en desarrollo mantienen aún altos índices de población rural de Adultos Mayores.
Nuestro país se distingue de los países en desarrollo por tener un bajo índice de población rural de Adultos Mayores (que alcanza al 9,24% de la población total de Adultos Mayores del país).
Esta población envejecida vive en lo que se considera como hábitat rural disperso en mayor proporción (65,20%) que en el hábitat rural agrupado (34,80%). Es de destacar también que al contrario de los índices totales de masculinidad de Adultos Mayores del país, el índice de masculinidad total de Adultos Mayores en el Hábitat rural muestra que hay 112 hombres cada 100 mujeres. Esto se explica por las características de los trabajos rurales.
Sobre la dimensión rural del envejecimiento poblacional dice Libor Stioukal, en "Envejecimiento de la población rural en los países en desarrollo: temas para considerar" (FAO, 2004):
"Se asume frecuentemente que en los países en desarrollo el envejecimiento se produce más rápidamente en áreas urbanas en donde la declinación de la fertilidad y de la mortalidad son tipicamente más aceleradas que en ámbitos rurales. En realidad, el envejecimiento en las comunidades rurales se manifiesta usualmente antes y avanza más rapidamente que en las ciudades (Marcoux, 1994, 2001; Skeldon, 1999). El determinante más importante es la migración de las áreas rurales a las urbanas que comprende principalmente a los jóvenes adultos y por lo tanto aumenta la proporción de los adultos mayores (dejados atrás en los pueblos). En algunas áreas rurales el envejecimiento se acelera por factores como el regreso de las personas ancianas, a menudo después de su jubilación de las ocupaciones en áreas urba-

nas, o el aumento de la mortalidad entre los adultos jóvenes debido al SIDA. En la mayoría de los países más pobres el envejecimiento es predominantemente un fenómeno rural y es en los pueblos donde las consecuencias del envejecimiento se sienten más (L. Stioukal, 2001).

La migración desde las áreas rurales a las urbanas tiene una implicancia mayor para los ancianos rurales ya que muchos son abandonados por sus hijos adultos, a menudo con la responsabilidad por sus nietos. En estas circunstancias, las oportunidades productivas para las mujeres y hombres ancianos pueden llegar a ser muy limitadas, particularmente si se deja en sus manos cultivar la tierra, lo cual está más allá de sus capacidades físicas, no teniendo posibilidades para contratar trabajadores, usar fuerza animal o mecanización. La emigración rural combinada con la baja de las tasas de fertilidad y la creciente longevidad, aumentan los esfuerzos de los adultos mayores rurales lo cual puede tener consecuencias negativas para su bienestar así como para su participación en el desarrollo rural. Sin embargo, la migración abre oportunidades para aquellos migrantes que pueden conseguir empleo remunerado, así como para los residentes rurales que reciben remesas de dinero.

Los adultos mayores de las zonas rurales desempeñan múltiples roles en la comunidad, como trabajadores, granjeros, etc. Muchos son ingeniosos sobrevivientes que contribuyen al bienestar de sus familias y comunidades. Sin embargo, investigaciones entre envejecimiento y desarrollo en países pobres (Heslop, 1999, HAI 2002) han detectado que la mayoría de las personas mayores que viven en áreas rurales:

1- Tienen discapacidades físicas resultantes de años de privaciones y carencias.

2- Se encuentran en mal estado de salud y sufren altos niveles de ansiedad y stress.

3- Están entre los más pobres de la comunidad debido a

su disminuída capacidad de ganar un ingreso.
4- No están cubiertos por ningún sistema de jubilación o pensión.
5- No pueden acceder a servicios básicos: cuidados de salud, agua potable, energía, servicios cloacales.
6- Viven en un medio ambiente fisicamente riesgoso, pero siguen trabajando, muchas veces, hasta edades muy avanzadas.

La mayoría de los ancianos rurales no se retiran del trabajo de la manera en que lo hacen los ancianos urbanos. Típicamente, su retiro de las actividades económicas es gradual y se completa unicamente cuando se vuelven fisicamente imposibilitados de trabajar. Algunos ancianos pueden continuar en trabajos remunerados, especialmente si pueden lograr trabajar en trabajos fisicamente menos exigidos. Pero la mayoría suelen hacer tareas hogareñas, como trabajos de huerta, del hogar o cuidados de niños, frecuentemente haciendo una contribución esencial para la supervivencia familiar. El hecho de que los ancianos están mayormente involucrados en empleos informales y/o de media jornada, significa que su trabajo es generalmente no incluido en las estadísticas oficiales.
La degradación ambiental, los cambios climáticos y la limitada tecnología agrícola, tienden a afectar a los ancianos rurales, más que a sus jóvenes, más saludables y mejor educados competidores."
Las enormes distancias entre pueblos y asentamientos, el aislamiento, la pobreza, la falta de la necesaria infraestructura de salud y de servicios para cuidados, la carencia de vivienda apropiada y las situaciones demográficas, migratorias y previsionales son temas que deben figurar en las agendas de los gobiernos nacionales y provinciales.

Aspectos biológicos, psíquicos y sociales del envejecimiento

Con el avance de la edad suelen aparecer (y cada vez aparecen más a partir de los 75 años) enfermedades de tipo crónico como las cardiovasculares, las osteoarticulares, las oncológicas,las neurológicas, las psíquicas, las respiratorias, la diabetes, la hipoacusia, la disminución visual, etc. En el período de la vejez estas enfermedades se van sumando con multiplicidad de causas y consecuencias.
Desde un punto de vista estrictamente médico, esta etapa de la vida se caracteriza por la pérdida o disminución de la adaptabilidad funcional a los estímulos del medio y de la carga genética.
Tres son los factores asociados con la edad que pueden afectar la funcionalidad:

A) Biológicos
B) Psicológicos
C) Sociales

A) Los factores biológicos son las enfermedades, la vulnerabilidad, la fragilidad, la interacción "enfermedad-enfermedad" y la polifarmacia (el gran consumo de medicamentos). Así tenemos como los más significativos, a los cambios en las funciones cardiorrespiratorias, en la fuerza muscular, en los sentidos (visión, audición, gusto, olfato y sensibilidad) y en la comunicación (el lenguaje, en sus formas de comprensión y expresión).
Desde la geriatría se habla de los "5 Gigantes". Se refiere a las enfermedades que padecen los Adultos Mayores de 75 años y más. Estas son de baja mortalidad y no responden a medidas terapéuticas simples, por ser multiformes. Producen pérdidas importantes en la autonomía e independencia del enfermo y afectan también a sus cuidadores, con altos costos afectivos, funcionales y económicos.
Los "5 Gigantes" de la geriatría son:

1- Inmovilidad
2- Inestabilidad
3- Incompetencia intelectual
4- Incontinencia
5- Iatrogenia medicamentosa

Estas situaciones tienen alta incidencia en los Adultos Mayores de 80 años y mas.
La inmovilidad: se produce por distintos factores (ambientales, físicos y emocionales) y lleva a la pérdida de la capacidad física, de la autonomía y a la depresión.
La inestabilidad: se produce por la alteración de los centros que controlan el equilibrio (por procesos degenerativos del cerebro, pérdida de neuronas o déficit de estimulación) y por la claudicación del sistema osteoarticular. La inestabilidad frecuentemente es causal de caídas.
La incompetencia intelectual: se produce por procesos degenerativos del cerebro y la falta de estímulo neuronal.
La incontinencia: se produce por fallas del sistema nervioso central y del sistema nervioso periférico y alteraciones anatómicas. Se presenta mucho a partir de los 80 años y con las demencias.
La iatrogenia medicamentosa: se produce por dosis inadecuadas, tóxicas, efectos no deseados, la automedicación y la interacción por la polimedicación.
Estas son causas de riesgo en los Adultos Mayores muy envejecidos, aumentando su vulnerabilidad y fragilidad.

B) Los factores psicológicos más importantes son el déficit cognitivo (ligados a la pérdida gradual de memoria y el enlentecimiento del aprendizaje, junto con las repeticiones), las depresiones, el autoconcepto, la baja autoestima y los cambios de conducta.

C) Los factores sociales se refieren a los mitos, creencias y prejuicios sobre la vejez (por ejemplo, el *viejismo*), la falta de referentes personales, problemas financieros, escasos

servicios sociales (poca cobertura de salud, jubilación inadecuada, etc.) y la existencia de una arquitectura, un urbanismo, transportes y comunicaciones no accesibles.
Dentro de los factores sociales deben ser tenidos muy en cuenta la existencia y el estado de las redes familiares y amicales.
En esta etapa de la vida, es muy importante tener en cuenta que el entorno y la sociedad, en su interacción, pueden favorecer o deteriorar la capacidad funcional de los envejecientes. La capacidad funcional está ligada a:

- Poder desarrollar las Actividades de la Vida Diaria.
- Desarrollar de manera autónoma las Actividades Instrumentales de la Vida Diaria.
- Tener necesidad o no de la utilización de las ayudas técnicas (ver Capítulo 7).

El desafío de la arquitectura es colaborar en mantener a los Adultos Mayores con las mayores capacidades funcionales posibles y para ello se requieren entornos favorables.

Capítulo 2

La vulnerabilidad

Es la condición en la que el bienestar físico y mental que se requiere para llevar una vida normal se ha deteriorado y está en riesgo constante.

Los Adultos Mayores son un grupo vulnerable por las características de sus cambios biológicos (especialmente los ligados a los sentidos y al sistema hormonal) y por la acción de los factores psicológicos y sociales antes mencionados.

Las mujeres, que viven más años que los hombres, son más vulnerables por razones biológicas y socioeconómicas (por ejemplo: más baja educación formal y no contar con haberes jubilatorios propios).

Sobre este tema decía la socióloga Nélida Redondo: "El déficit económico permanente expone a las personas mayores a un rápido deterioro de su salud física y mental."

Asimismo, los sociólogos Adriana Fassio y Enrique Amadassi expresaban que: "la persona mayor es vulnerable en la medida en que sus recursos externos e internos son insuficientes para aliviar el stress que le producen sus propias necesidades o problemas y el medio en el que está inserta. La vulnerabilidad deviene del aumento del riesgo de ser pobre en la ancianidad." (En "Resolviendo problemas conceptuales y de investigación para la formulación de políticas públicas: el caso de la vulnerabilidad en la Tercera Edad". Documento de Trabajo Nº 2 / 97, Subsecretaría de Programación Macroeconómica, Buenos Aires).

La vulnerabilidad del Adulto Mayor se acentúa cuando las condiciones de su Hábitat están expuestas a factores de

riesgo como ser: las dificultades de su mantenimiento, la falta de accesibilidad, la posibilidad de desalojo, el hacinamiento provocado por la presencia de familiares o allegados (con la consiguiente disminuación de su espacio vital, de su confort y de su calidad de vida).
La falta de actitudes de defensa frente a las agresiones, malos tratos y peligros (así como las conductas inconcientes ante estos últimos), tornan aún mayor la vulnerabilidad del Adulto Mayor en la vivienda.

La fragilidad

Según P. Lebel y otros ("Un modelo dinámico de la fragilidad", Revista Año Gerontológico, Vol. XIII, 1999), "la fragilidad es el riesgo que corre una persona de edad avanzada, en un momento dado de su vida, de desarrollar o aumentar sus limitaciones funcionales o algunas discapacidades, por los efectos combinados de deficiencias y factores moduladores."
Los mismos autores dicen que: "Algunos factores moduladores pueden adelantar o retrasar la evolución del estado funcional del anciano. Los recursos de que dispone una persona de edad avanzada para enfrentarse a la influencia de las deficiencias constituyen estos factores moduladores. Los factores pueden ser de tres tipos: recursos individuales, recursos sociales y de la comunidad y, finalmente, recursos del sistema de sanidad en el que se encuentra la persona mayor." Estos autores destacan que "las condiciones físicas y la seguridad del entorno pueden influir en la aparición de limitaciones funcionales e incapacidades. También se valora el ambiente estimulante, puesto que puede ayudar a mantener o mejorar las capacidades funcionales de las personas mayores."
"La causa de la fragilidad está en la perdida de las reservas fisiológicas, sensoriales y motrices que influyen en la capacidad de las personas para mantener cierto equilibrio

con su entorno y para volver a restablecerlo cuando ese equilibrio se rompe". "La fragilidad es el escalón anterior a la dependencia" (Dr. Christian Lalive D'Epinay, Conferencia en la Universidad ISALUD, Buenos Aires, 2005).

Se denomina dependiente a la persona que presenta al menos una incapacidad en las Actividades de la Vida Diaria.

La fragilidad es un factor de riesgo de institucionalización y muerte.

La fragilidad implica declinación funcional con riesgo de eventos catastróficos que pueden llevar a la dependencia y finalmente a la muerte.

Son predictores de la declinación funcional: ser mayor de 75 años; dependencia en las Actividades de la Vida Diaria y el deterioro cognitivo.

Las caídas

La caída es un hecho que hace que una persona se encuentre en forma brusca e inesperada en el suelo o en un nivel inferior al que estaba ubicada, por distintas causas. La causa común de las caídas está dada por el movimiento de las personas, enmarcadas por el medio ambiente y los factores biológicos.

Los lugares donde se producen las caídas son en el hogar (en un 70%) y en el espacio público y en el transporte (en un 30%); estos lugares pueden estar a un mismo nivel o en desniveles.

La mortalidad por caídas de Adultos Mayores de 60 años y más en el hogar asciende a un 40% para las mujeres y a un 20% para los hombres.

Las consecuencias no mortales en Adultos Mayores de 65 años y más son:

En un 84% fracturas del fémur; el 16% restante, se produce en la cabeza, manos y pies. El 25% de los que se han caído mueren a los 6 meses; el 60% quedan con restricciones en su movilidad y el 25% son dependientes para la mayoría de las Actividades de la Vida Diaria.

La grave magnitud de las caídas se expresa por los siguientes índices:

Representan el 10% de las urgencias en hospitales y sanatorios; son el 6% de los ingresos a esas instituciones y son causa de un elevado número de admisiones en Residencias de Larga Estadía para Adultos Mayores.

Debe considerarse que los Adultos Mayores necesitan mayores tiempos de reacción y estímulos ambientales más fuertes para compensar la disminución sensorial.

Son factores de riesgo intrínseco al Adulto Mayor los cambios biológicos que se producen durante el proceso de envejecimiento, así como los comportamientos frente al entorno.

Son factores de riesgo extrínseco al Adulto Mayor los que se relacionan con la existencia de barreras arquitectónicas, urbanísticas, en el transporte y en la comunicación (ver Capítulo 4).

La 2da. Asamblea Mundial sobre el Envejecimiento (Madrid, 2002), marcó la necesidad de crear entornos propicios y favorables para los Adultos Mayores. Puso fuerte acento sobre las características de la vivienda y condiciones de vida: una vivienda satisfactoria (por ende segura) colabora para la salud y el bienestar. Recomendó también que los espacios urbanos, edificios públicos y privados y el transporte deben garantizar la movilidad y accesos seguros; también que se deben promover tecnologías y todo tipo de ayudas para evitar accidentes.

Esta resolución implica el compromiso de eliminar y controlar al máximo todos los factores de riesgo de caídas de los Adultos Mayores.

La discapacidad

Al prolongarse la vida se aumentan las posibilidades de discapacidades orgánicas y mentales, así como deterioros sociales y económicos, conjugados entre ellos.
Se estima que el grupo de Adultos Mayores de 75 años y más, va a tener entre un 50% a un 65% de dependencias físicas, psíquicas y sociales.
Los ancianos son muy frágiles ante las complicaciones y tienden a sufrir patologías invalidantes. Valores internacionales indican que aproximadamente el 40% de los Adultos Mayores tiene una o más discapacidades.
En nuestro país, la Primera Encuesta Nacional sobre Discapacidad 2002-2003, mostró que el 47,75% de los Adultos Mayores de 60 años y más, tienen por lo menos una discapacidad.
El Plan de Acción Internacional de Madrid sobre el Envejecimiento (2da. Asamblea Mundial sobre el Envejecimiento, Naciones Unidas, 2002) recomienda:
"Formular políticas, legislación, planes y programas nacionales y locales, –para tratar y prevenir la discapacidad–, en que se tengan en cuenta el sexo y la edad.
Promover la construcción de viviendas para personas de edad con discapacidades para que se reduzcan los obstáculos y se potencien los estímulos para llevar una vida independiente y hacer accesibles a las personas de edad con discapacidad los espacios, transportes y otros servicios públicos y comerciales."

Abuso y maltrato en la vejez

Las Naciones Unidas definen al abuso y maltrato como "la acción única o repetida o falta de la respuesta apropiada que ocurre dentro de cualquier relación cuando existe una expectativa de confianza y la cual produzca daño o angustia a una persona anciana".

Estos hechos presentan múltiples formas y tienen características psicológicas y físicas específicas. Los motivos y causas de la conducta agresiva y lesiva de la dignidad del Adulto Mayor son variados y de modalidades que a veces se ocultan, tanto por la víctima como por el agresor. Producto del *viejismo* tienen como componente principal la crueldad del agresor y el temor del anciano.

Se considera que el abuso económico es el más importante de los abusos, ya que afecta directa o indirectamente la calidad de vida de los Adultos Mayores.

Los Adultos Mayores, en cuanto al abuso y maltrato, relacionado con sus familias, sus allegados y sus cuidadores, forman un círculo cerrado de victimas y victimarios.

Algunos estudios describen a la víctima tipo como: mujer de 75 años y más, que vive sola o aislada, que pueda tener o no tener algún grado de discapacidad, con baja autoestima y dependiente de un cuidador (familiar o no).

La dependencia que se observa por parte del cuidador, suele ser por razones económicas, por la vivienda u otras posesiones del Adulto Mayor.

La relación causa-efecto en el contexto del maltrato por motivos referidos a la vivienda, se manifiesta en el trato abusivo y discriminatorio hacia el anciano (propietario, inquilino o cohabitante de la vivienda) que se transforma en el instrumento de la conducta lesiva para la seguridad física y la dignidad del Adulto Mayor. A veces la única posibilidad para el anciano es aceptar la convivencia forzada con familiares o allegados, aunque la relación sea abusiva.

Los abusos pueden ser cometidos por familiares o convivientes, limitando el uso de los espacios e infligiendo condiciones humillantes para el uso de los elementos y equipamientos del hogar.

Al referirse a la necesidad de promover la solidaridad intergeneracional, el Plan de Acción de Madrid (2002) recomienda:

“Emprender investigaciones sobre las ventajas y desventajas de los distintos arreglos en materia de vivienda de las personas de edad, con inclusión de la residencia en común con los familiares y las formas de vida independiente, en diferentes culturas y contextos.”

Otra forma de maltrato la recibe el anciano por falta de acción, por omisión o por indiferencia, tanto de sus allegados como por los sistemas institucionales (públicos y privados) que no proveen los recursos necesarios para mejorar la estructura física del Hábitat, para proteger la integridad física y el bienestar de los ancianos, posibilitando una mejor calidad de vida y facilidad para las tareas y necesidades cotidianas.

También se observan situaciones de abuso y maltrato provenientes del Estado, que tienen que ver con las bajas jubilaciones y pensiones, el incumplimiento sobre las leyes de transporte, etc. y la falta de calidad de vida en poblaciones marginales y excluidas, dentro de las que hay Adultos Mayores.

Ello se hace extensible a la agresiva indiferencia en cuanto a la implementación de la accesibilidad en el espacio público. A pesar de haberse promulgado instrumentos legales para facilitar la autonomía, la independencia y el uso no discriminatorio en los espacios públicos, en el transporte y en las comunicaciones, se sigue, en la mayoría de los casos, no aplicándolos.

La situación económica y la falta de oferta de viviendas provistas de los servicios adecuados, el miedo a la institucionalización y la ignorancia de algunos Adultos Mayores, sobre sus derechos, son la causa de aceptación de situaciones de violencia, desamparo y soledad.

Las largas e inesperadas longevidades llevan en ciertos casos a una imposibilidad de correcta atención en el domicilio propio, llegándose a imponer la institucionalización.

Adoptando el modelo de países que cuidan el contexto

comunitario en el cual se desarrolla la vida de los Adultos Mayores, se puede evitar el maltrato y abuso de ellos debido a la situación habitacional, ofreciéndoles, el asesoramiento, la protección legal y la provisión de viviendas diseñadas para satisfacer sus necesidades y aspiraciones, acordes con su situación física y económica.

Capítulo 3

EL DERECHO A LA CIUDAD Y A LA VIVIENDA PARA LOS ADULTOS MAYORES

El derecho a la ciudad

La mayoría de las ciudades, las viviendas, los lugares de trabajo, servicios, estudio y esparcimiento, etc. no constituyen en su estado actual, un Hábitat adecuado para la inmensa mayoría de los Adultos Mayores, así como para el resto de los habitantes.

La ciudad es más que el lugar donde habitar, trabajar, circular, cultivar el cuerpo y el espíritu, como expresaba la vieja Carta de Atenas.

Según Henry Lefebvre: "La ciudad es la proyección de la sociedad global en el terreno." ("El derecho a la ciudad", Editorial Península, 1968).

David Kullock expresa: "La ciudad no es un mero espacio físico, sino un espacio socio-económico y político-cultural, donde se enfrentan lógicas contradictorias y la gestión urbanística es una actividad político-técnica que necesita de un saber profesional que sólo puede provenir de una confluencia multidisciplinaria."

Volvemos a Henry Lefebvre que dice: "Entre los derechos en formación, figura el derecho a la ciudad, (no a la ciudad antigua, sino a la vida urbana y a la centralidad renovada, a los lugares de encuentro y cambio, a los ritmos de vida y empleos del tiempo que permitan el uso pleno y entero de esos momentos y lugares). El derecho a la ciudad no puede concebirse como un simple derecho de visita o retorno

hacia las ciudades tradicionales. Sólo puede formularse como derecho a la vida urbana, transformada, renovada".
De acuerdo con Silvia Coriat, "la manera en que el ser humano se apropia del espacio en que habita hace a su identidad. El espacio habitado por las personas ancianas refleja su inserción social. Ciudades y viviendas no accesibles son los lugares donde viven los ancianos que han sido despojados de un futuro construido por ellos mismos."
Para que los Adultos Mayores tengan efectivamente derecho a la ciudad, las ciudades deben tener estructuras de inclusión social como las que se consiguen a partir de la existencia de todos los elementos que hacen a la accesibilidad al medio físico, es decir, que no existan barreras físicas.
La accesibilidad al medio físico es el más alto nivel de adecuación del entorno material frente a los requerimientos de todas las personas, independientemente de su edad, sexo, condición física o mental, en el cual se han eliminado las barreras físicas.
La accesibilidad es la posibilidad de gozar de las adecuadas condiciones de seguridad y autonomía como condición primordial para el desarrollo de las actividades de la vida diaria y de relación, sin restricciones derivadas por la inadecuación del entorno físico para la integración social y equiparación de oportunidades.
La accesibilidad expresa el más alto nivel para un entorno libre de barreras, por cuanto ofrece la posibilidad de un entorno apto para todos (G. Urroz, SAGI I, 2004).
La accesibilidad es aquella característica de las edificaciones, del urbanismo, del transporte y de los sistemas y medios de comunicación sensorial que permita su uso a cualquier persona con independencia de su condición física, psíquica o sensorial (G. Urroz, SAGI II, 2005).
Las barreras físicas se manifiestan en toda estructura del entorno material, cuando sus conformaciones dimensionales y/o morfológicas crean trabas a la autonomía y a la

independencia de todas las personas. Para que esta situación no exista, el entorno material no debe presentar barreras arquitectónicas, urbanísticas, en el transporte y en las comunicaciones.
Las ciudades que no han eliminado las barreras mencionadas, son solamente organizaciones espaciales diseñadas casi exclusivamente para la producción y para el tránsito automotor de alta velocidad, para individuos jóvenes que trabajan en ellas, vivan o no en las mismas. Esto es evidente, ya que las ciudades, en particular con su diseño centenario, no están preparadas para el desafío de los largos envejecimientos que se empezaron a producir a partir del siglo XX.
Es interesante mencionar un caso exitoso de transformación de una ciudad milenaria (y por ello no accesible), como Barcelona, que desde la última década del siglo XX se ha convertido en una ciudad accesible para todos. Para ello, Barcelona ha tenido en cuenta las siguientes premisas, elaboradas por el "Consorci de Recursos i Documentació per a l'Autonomía Personal":

1- La Accesibilidad es calidad de vida para todos, tanto para los ciudadanos como para aquellos que visitan la ciudad.
2- La Accesibilidad significa una mayor libertad y autonomía de los ciudadanos, evitando dependencias no deseadas.
3- La Accesibilidad no es un aspecto limitador en el diseño, sino la incorporación de nuevas especificaciones que deben tenerse en cuenta en la etapa inicial del proyecto.
4- La Accesibilidad tiene que estar incluida en el diseño general de la ciudad en lugar de ser un añadido para las personas con discapacidad.
5- La Accesibilidad planificada no supone ningún sobrecosto en el presupuesto de inversiones sino que se acaba convirtiendo en un valor añadido en el diseño de la ciudad.
6- La Accesibilidad es el instrumento mediante el cual

la participación ciudadana lidera la construcción de su ciudad.
7- La Accesibilidad genera sinergias entre diferentes aspectos que se presentan en la configuración de la ciudad: persona-medio; estética-funcionalidad; tránsito rodado-peatones; diversidad-igualdad; consumo-sostenibilidad.

El derecho a la vivienda

La vivienda no es un espacio cualquiera ya que es el ámbito más propio, íntimo y personal. En la Argentina la mayoría de las viviendas de los Adultos Mayores tienen barreras arquitectónicas que son causa de caídas e impedimentos que dificultan la movilidad, las actividades de la vida diaria, las instrumentales y el uso y goce del tiempo libre, desarrolladas con autonomía.
El problema que presentan las viviendas de los Adultos Mayores en nuestro país, es su falta de accesibilidad, por las características de sus diseños antiguos y su bajísimo mantenimiento por la falta de recursos económicos y la carencia de información acerca de las posibilidades de realizar (en general con bajos costos) las adecuaciones necesarias.
Podemos afirmar que los Adultos Mayores de la Argentina se encuentran en medio de entornos tanto físicos como socio-económicos que son más que las causas de las limitaciones a los Derechos Humanos: son las limitaciones mismas a esos derechos.
El Hábitat en el estado actual en que se encuentra –con poca accesibilidad física– es parte de las causas de la falta de inclusión social de los Adultos Mayores. La falta de accesibilidad al medio físico formaliza la exclusión social de los Adultos Mayores. La presencia de las barreras antes mencionadas, impiden la existencia de un Hábitat inclusivo.

El Hábitat inclusivo y los Derechos Humanos

El concepto de inclusivo debe verse desde la idea de *ciudadanía*, que se refiere a la pertenencia de los individuos a una comunidad. Esta pertenencia es tal cuando hay participación activa de los sujetos para establecer las condiciones de su propia asociación. Este par "pertenencia-participación" (tal como lo expresara el sociólogo Sergio Fiscella) es clave para comprender porque hablamos de un Hábitat inclusivo.

Si bien los Adultos Mayores en la Argentina gozan de derechos civiles y políticos, no tienen asegurados los derechos sociales, que incluyen una amplia gama de derechos que van desde el derecho a una mínima seguridad y bienestar económico, hasta el de llevar a cabo la vida de un ser civilizado conforme con las normas prevalecientes en la sociedad. Así, la inmensa mayoría de los Adultos Mayores de la Argentina son ciudadanos incompletos, sujetos de derecho, excluidos injustamente por la sociedad que ellos mismos construyeron. De esta forma tenemos un nuevo par: "inequidad-exclusión social."

Los Derechos Humanos han ido cambiando en sus definiciones con el desarrollo social. No pueden seguir entendiéndose como las garantías y declaraciones sobre la libertad física, sino que deben entenderse como "el conjunto de derechos (es decir, facultades socialmente reconocidas) que son inherentes a la vida humana y sin cuya vigencia no es posible alcanzar el desarrollo social ni individual". (En la tesis "Ciudadanía y Previsión Social" del Licdo. en sociología Sergio Fiscella, para la Maestría en Políticas Públicas, Facultad de Ciencias Sociales, Universidad de Buenos Aires, 2001).

Así, los Derechos Humanos son una suma no escindible de derechos civiles, políticos, económicos, sociales y culturales que son propios de la vida humana. Los Derechos Humanos son algo más que un interés individual protegido sino que

son valores socialmente reconocidos de manera universal.
La accesibilidad al medio físico debe ser entendida como un derecho humano más, que asegure la inclusión de todos los Adultos Mayores al posibilitarles habitar en sus viviendas y circular por la ciudad sin riesgo. Para ello, debe formarse la *cadena de accesibilidad* que empieza en la propia casa, sigue en el espacio público y en los transportes y culmina en cualquier destino necesario para la satisfacción plena de las necesidades y deseos de todos los ciudadanos.
Estos conceptos son los que fundamentan la imperiosa necesidad de tener un Hábitat accesible que sea inclusivo para todos los Adultos Mayores.

Capítulo 4

Las barreras físicas

Entendemos por barreras a aquellos impedimentos, trabas u obstáculos que limiten o impidan el acceso, la libertad de movimientos, la permanencia o la circulación con seguridad de todas las personas, especialmente las que tienen movilidad y/o comunicación reducida. Relacionadas con el entorno físico, podemos entonces hablar de barreras físicas.
"Las barreras físicas se manifiestan en toda estructura del entorno material, cuando sus conformaciones dimensionales y/o morfológicas crean trabas al autovalimiento y a la independencia de las personas con y sin discapacidad." (G. Urroz, "Viviendas para Personas de la Tercera Edad", Buenos Aires, 1999).
Para que esta situación no exista, el entorno físico no debe tener barreras.
Estas barreras pueden ser: arquitectónicas, urbanísticas, en el transporte y en la comunicación.

Barreras arquitectónicas: son los impedimentos y las dificultades que presenta el entorno construido que puedan afectar a todas las personas (especialmente aquellas con movilidad y/o comunicación reducida), y a su seguridad, en sus desplazamientos en edificios privados o públicos, sean estos de vivienda, de trabajo, de educación, para la salud, para la recreación, etc.
La eliminación y/o la corrección de las barreras arquitectónicas tienen como objetivo evitar accidentes y caídas y lograr desplazamientos seguros que sirvan para obtener la mejor calidad de vida posible.

Para no correr los riesgos mencionados, deben tenerse en cuenta que:

- Los pisos: deben ser no resbaladizos (en seco como en mojado) sin desniveles superiores a 2 cm.
No deben existir alfombras sueltas y su pelo no debe superar los 2 cm
- Escaleras: serán de tramos rectos (no deben ser compensadas). Las alzadas tendrán un mínimo de 15 cm y un máximo de 18 cm; las pedadas tendrán un mínimo de 26 cm y un máximo de 30 cm. Los descansos serán amplios con un intervalo no mayor de 12 alzadas. Las superficies de los escalones serán no resbaladizas, con narices destacadas (sin salientes) y las alzadas deben estar materializadas. Deberán colocarse pasamanos, que serán continuos en ambos lados.
Las escaleras deben ser complementadas por rampas o por medios de elevación, como ascensores, plataformas para sillas de ruedas o sillas montaescaleras.
- Los pasillos: deben colocarse pasamanos continuos y en ambos lados, a lo largo de todo el recorrido.
- Las aberturas: utilizar formas de apertura, que por sus dimensiones y tipo de herrajes, puedan ser accionadas por todas las personas, con luz de paso mínimo de 0,80 m. En el caso de los baños las puertas deben abrir hacia afuera o ser corredizas o tener un portín de 0,50 x 0,50 m en la parte inferior y de abrir hacia fuera, para poder acceder al interior para ayudar a una persona que haya tenido un accidente.
- Los baños: es recomendable retirar las bañeras, ya que producen accidentes y caídas, por las dificultades que tienen muchos Adultos Mayores para ingresar y salir de ellas. Se retiren o no, es imprescindible colocar barrales de sujeción en el perímetro de las mismas y elementos antideslizantes en sus pisos.
En el espacio obtenido al retirarse la bañera, se puede

generar un espacio para ducha, que debe tener piso antideslizante y es conveniente que tengan un banco rebatible (se puede utilizar tambien una silla de material plástico rígido), duchador de mano y barrales de sujeción. Tambien es recomendable el retiro del bidet, reemplazando su función con un duchador manual, cercano al inodoro. Este espacio serviría para maniobrar una silla de ruedas en sus aproximaciones al inodoro, al lavatorio y al espacio de la ducha.
Respecto del inodoro, algunas personas necesitan que esté más elevado; para ello existen ayudas técnicas de facil obtención en plaza: inodoros más altos, asientos superpuestos, etc. Puede elevarse también con una pequeña base de 8 cm de alto aproximadamente.
Deben colocarse barrales rebatibles y fijos a los costados del inodoro, según normas de accesibilidad (ver Ley N° 962 / CABA).
El lavatorio no debe tener pedestal para permitir la aproximación de una silla de ruedas; deben protegerse las cañerías de agua caliente para evitar contactos peligrosos. En caso de instalarse mesadas con bachas, el nivel inferior del frentín no debe estar a menos de 73 cm del piso. El espejo debe colocarse inclinado entre 5° y 10° para facilitar su uso a una persona en silla de ruedas.
- Baño asistido: es el que tiene una bañera, que tiene por lo menos un lado y una cabecera que permite la aproximación de una silla de ruedas. Algunas reglamentaciones consideran que deben dejarse dos lados libres y una cabecera, permitiendo la aproximación y traslado de una persona en camilla. Podrían incluirse un inodoro y un lavatorio accesibles.
- Las cocinas: es conveniente bajar el nivel de la alacena a unos 30 cm sobre la mesada y colocar barrales de sujeción en el borde de ésta.
- Para personas que utilizan silla de ruedas, es favorable

obtener un espacio bajo la mesada, para que esta pueda entrar.
- Las griferías: se recomiendan los modelos de cruceta o monocomando.
- La iluminación: se recomienda luz difusa, evitar deslumbramientos, reflejos y conos de sombra. En dormitorios, antecámaras y pasillos son convenientes las luces vigias de baja intensidad colocadas en las paredes a unos 25 cm de altura aproximadamente.
- Ventilación: adecuada en todos los locales, especialmente en los baños, donde es conveniente colocar un extractor de aire.
Seguridad:
Eliminar los cables sueltos y todas las instalaciones peligrosas.
- Mobiliario: de diseño ergonómico* adecuado a los Adultos Mayores y en el caso de sillas y sillones, deben siempre contar con apoyabrazos. No es conveniente que sean muy bajos (nunca menos de 45 cm desde el piso) y con un respaldo con no más de 5° de inclinación.
Se recomienda que las mesas sean de 4 patas y con bordes y ángulos redondeados y diferenciados en color, tanto de la superficie de apoyo como del piso. Es conveniente elevar la cama hasta llegar a unos 45 a 50 cm.
- Colores: se recomienda que sean suaves y contrastantes con las paredes de los locales, con los pisos, con los marcos de las puertas y con las llaves de luz.

* Ergonómico: cualidad de un espacio habitable o instalación de brindar seguridad, eficacia y confort mediante una correspondencia con los requerimientos antropométricos y funcionales de los usuarios. (S. Coriat, en "Lo Urbano y lo Humano", Editorial CP67 y Universidad de Palermo, Buenos Aires, 2002).

Agarraderas y asientos en la bañadera y en la ducha aumentan la seguridad.
Fuente: Home Planning, W. K. Walsh, Beverly Cracom Publications, 1996.

Alacenas y mesadas adaptadas a usuarios de silla de ruedas.
Fuente: Home Planning, W. K. Walsh, Beverly Cracom Publications, 1996.

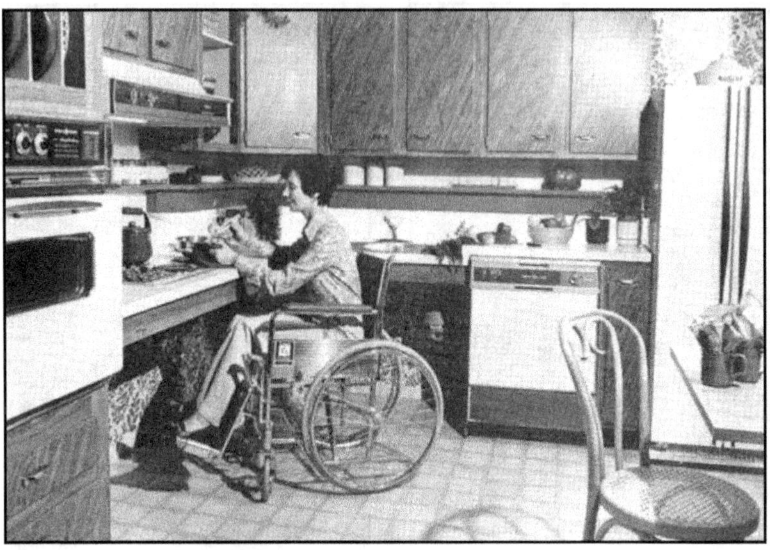

Debe existir un espacio bajo mesada para el acceso de una silla de ruedas. Alacenas mas bajas facilitan su utilización.

Fuente: Housing Interiors, B. B. Raschko (Van Nostrand Reinhold, New York, 1991).

Barreras urbanísticas: son los impedimentos y dificultades que se encuentran en el espacio urbano, público o privado así como en el mobiliario que existe en el mismo, que puedan afectar a todas las personas (especialmente aquellas con movilidad y/o comunicación reducida) en sus desplazamientos y en sus usos, poniéndolos en situaciones de riesgo y de no poder aprovechar plenamente los ámbitos urbanos. Comprenden también a los sitios históricos y turísticos, así como a los espacios libres, parquizados o no.
La supresión de las barreras urbanísticas implica la existencia de los siguientes elementos dentro del espacio urbano:

- Solados de advertencia: son aquellos cuya textura indica la proximidad de un riesgo a personas con discapacidad visual.
- Solado guía: es aquel que posee una textura indicativa

de una senda y su continuidad facilita la circulación a una persona con discapacidad visual.
- Vados: en todas las esquinas con solados de advertencia y superficies antideslizantes (en seco como en mojado).
- Veredas: sin desniveles, antideslizantes (en seco como en mojado) y con solado guía.
- Senda peatonal: es el espacio de circulación demarcado para cruces peatonales en las esquinas.
- Volumen libre de riesgo: se refiere al espacio de circulación cubierto o descubierto apto para todas las personas en el cual no se presentan desniveles en los solados ni elementos que invadan dicho espacio y que por ello puedan poner en peligro la circulación de las personas, especialmente para las personas con problemas de la visión. Nos referimos a marquesinas, persianas y toldos bajos, cajones, heladeras, mostradores, carteles, maceteros, equipos de climatización, teléfonos públicos, cabinas telefónicas, mobiliario urbano, etc.
Este volumen debe tener una altura mínima de 2,00 m por un mínimo de 0,90 m por el largo del recorrido y tiene como uno de sus bordes verticales a la línea de edificación en las áreas construidas. En los parques y plazas, tendrán como referencia a los bordes sobreelevados de los senderos, de los que no podrán sobresalir ramas, arbustos, raíces, maceteros, etc.
- Mobiliario urbano: se refiere a papeleros, bebederos y baños públicos accesibles; apoyos isquiáticos y asientos (con apoya brazos) en paradas de transporte y en parques, paseos y calles; kioscos y cabinas telefónicas accesibles; locales de información turística accesibles; semáforos y letreros accesibles de señalización con tipografía normalizada y con lectura en sistema Braille.
Las paradas de transporte deberán ser cubiertas y protegidas lateralmente para proteger a los usuarios de las inclemencias del tiempo.

- Rejas y canaletas: no podrán tener separaciones superiores a los 2 cm.

Es conveniente proteger el nivel de enrase de los pisos con los árboles existentes en circulaciones, con elementos lisos, que permitan el pasaje del agua de riego. (Ver en: "El diseño de parques, plazas y jardines").
Los lectores interesados en profundizar sobre las barreras arquitectónicas y urbanísticas podrán consultar la abundante bibliografía nacional e internacional. En nuestro país podrán consultar al Centro de Investigación sobre Barreras Arquitectónicas, Urbanísticas y del Transporte (CIBAUT-FADU-UBA), así como a la Ley Nacional N° 24.314 / 94 sobre "Accesibilidad para las Personas con Movilidad y Comunicación Reducida" y su Decreto Reglamentario 914 / 97. Esta ley ha sido incorporada como Ley N° 962 al Código de Edificación de la Ciudad Autónoma de Buenos Aires, en junio de 2003. Entre las publicaciones extranjeras, podrán consultar el "Manual de Accesibilidad" del Instituto Nacional de Servicios Sociales (España, 1995) y "Housing Interiors for the Disabled & Elderly" (B. B. Raschko, Editorial Van Nostrand Reinhold, New York, 1991).

El diseño de parques, plazas y jardines

Sin lugar a dudas, el contacto con la naturaleza es beneficioso para todas las edades; en el caso particular de los Adultos Mayores este contacto puede mejorar tambien su calidad de vida si se tienen en cuenta algunos aspectos de diseño accesible.
Parques, plazas y jardines son unos de los lugares de sociabilización favoritos entre los Adultos Mayores y se debe asegurar que tengan las características necesarias para garantizar su uso en condiciones de accesibilidad.

Muchas veces hemos escuchado que no es conveniente para los Adultos Mayores estar o pasear por parques, plazas y jardines, creyendo que su salud puede verse afectada por la presencia de los factores climáticos. Sin embargo, con adecuada protección climática y condiciones de accesibilidad se puede estar y circular por esos espacios sin riesgos particulares, en igualdad de condiciones que el resto de otros grupos etarios.
La protección climática puede obtenerse de diversas formas. Con relación a los vientos dominantes, una forestación adecuada en cuanto a especies y volumen, así como pantallas opacas o transparentes, pueden aportar soluciones a este problema. El control solar puede realizarse tambien con forestación o con glorietas y tambien con pérgolas, toldos, sombrillas, gazebos, etc. No deben faltar bebederos accesibles.
Respecto de las condiciones de accesibilidad se tendrá en cuenta lo siguiente:
- Solados: deberán ser antideslizantes (en seco y en mojado), sin desniveles mayores a 2 cm; adecuadas pendientes para garantizar el escurrimiento del agua (de riego o de lluvia) evitando su acumulación.
El material deberá ser firme, con juntas no mayores a 1,5 cm, para evitar que se traben las ruedas de las sillas de ruedas y las punteras de bastones y otros elementos de ayuda. El material no podrá ser suelto (ladrillo partido, grava, etc.) y si es de tierra, esta deberá estar muy compactada.
El ancho mínimo libre de obstáculos será de 1 m y para el paso de dos sillas de ruedas será de 1,80 m. Los bordes de los senderos deberán estar sobreelevados como mínimo 15 cm.
Deberá tenerse en cuenta lo expresado sobre el volumen libre de riesgos, tal como lo comentáramos más arriba.

- Los árboles que estén plantados en recorridos peatonales, sean veredas públicas o senderos de parques, plazas o jardines, deberán estar protegidos a nivel de piso, con

un elemento tipo rejilla, que los circunde (denominado *alcorque*) y que permita el paso del agua hacia la tierra, pero impidiendo que se traben ruedas y bastones.
Los alcorques pueden ser de hierro fundido, de aluminio, de cemento premoldeado, etc.

- Equipamiento: es conveniente para estimular la sociabilización, la existencia de espacios con asientos y mesas adecuados a los Adultos Mayores, debiéndose tener en cuenta los espacios para aproximación de las sillas de ruedas. Los asientos deberán estar dispuestos de manera tal que faciliten las relaciones entre personas o grupos.

Jardines terapéuticos: es de gran importancia el beneficio del manejo de la jardinería como motivación para una actividad placentera, que une al Adulto Mayor a los intereses de la creación y éxito de los cultivos, ya sean florales, de plantas aromáticas o de huerta, con el transcurrir de las estaciones.
Uno de los elementos útiles para aquellos Adultos Mayores con movilidad reducida son los canteros sobreelevados, que permiten realizar las actividades antes mencionadas, desde una posición sedente.
La eliminación de las barreras urbanísticas es un desafío para los planificadores y diseñadores urbanos, ya que de ello depende en gran parte la posibilidad de recuperar el espacio público para los Adultos Mayores, como una de las formas de asegurar su inclusión social, en condiciones de seguridad.

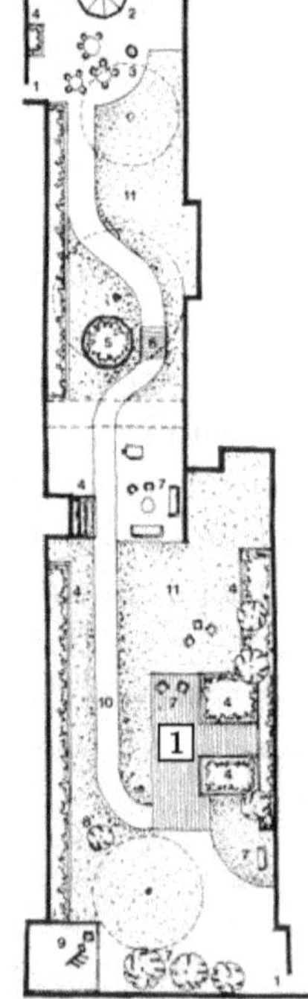

Jardín Terapéutico en Ontario, Canadá.
1. Canteros sobreelevados

Maceteros elevados facilitan las tareas de jardinería.
Fuente: U. Cohen y K. Day. The Johns Hopkins University Press, 1993.

Barreras en el transporte: son los impedimentos y dificultades que presentan para todas las personas, los distintos medios de transporte públicos y privados de corta, media y larga distancia. Estos pueden ser terrestres, subterráneos, aéreos, fluviales y marítimos. Debe incluirse en estas barreras a la falta de estacionamientos accesibles con la debida señalización.

Dice el Ingeniero José Antonio Juncà Ubierna en su libro "Accesibilidad Universal-Diseño sin Discriminación" (IMSERSO, 2002): "La accesibilidad del transporte colectivo requiere asegurar la cadena de la movilidad trabajando en cuatro ámbitos: la infraestructura, el material móvil, el vínculo entre el vehículo y la instalación fija y la prestación del servicio de transporte."

En nuestro país, el transporte urbano más utilizado es el ómnibus, en sus recorridos de corta y media distancia. Es por ello, que sus condiciones de accesibilidad para todas las

personas, son de vital importancia para asegurar los necesarios traslados que satisfacen las necesidades de los Adultos Mayores. Deben tenerse en cuenta también la existencia de adecuadas frecuencias horarias y el costo asequible.
Los ómnibus deben ser de piso bajo completo, con mecanismos de arrodillamiento delantero y poseer rampas que aseguren el ascenso y descenso de personas con sillas de ruedas.
Los barrales, pasamanos y otros elementos de sujeción deben estar colocados en posiciones y alturas que sean accesibles a la mayor cantidad de usuarios, sin que ello les implique grandes esfuerzos ni posiciones riesgosas.
Es conveniente que los diseños interiores sean simples y standardizados, para que no haya confusiones en su uso (especialmente para personas con discapacidad visual).
No sólo deben ser tenidas en cuenta las características del diseño interior de los medios de transporte, su calidad técnica y elementos de seguridad, sino que también deben tener la señalización con tipografía de tamaño adecuado y normalizada, para las personas con disminución en su capacidad visual.
Asimismo, en el lugar de contacto entre el omnibus y el espacio de los usuarios, que es la vereda, es conveniente que existan dársenas de estacionamiento para el ascenso y descenso de pasajeros.
El transporte colectivo de pasajeros (ómnibus, subterráneos y ferrocarriles) constituye en nuestro país un grave factor de riesgo y de exclusión para los Adultos Mayores y para personas con discapacidades temporarias o permanentes.
Lamentablemente aún no se han adecuado la inmensa mayoría de los vehiculos ni las instalaciones fijas a lo prescripto por el Decreto Reglamentario 914 / 97 de la Ley Nacional Nº 24.314 de "Accesibilidad para Personas con Movilidad y Comunicación Reducida". Este Decreto indicaba que las empresas de transporte tenían un plazo para la

adecuación, de 3 años a partir de los 6 meses de la entrada en vigencia de dicha reglamentación.

Con relación a los ómnibus, el Decreto indicaba que para el año 2002 debía haberse renovado el 100% de toda la flota, por coches accesibles. Pero decretos "salvadores" fueron extendiendo los plazos así como la cantidad de años de vida útil de los vehículos (en el año 2007, se extendieron hasta los 14 años).

El transporte no accesible rompe con la cadena de accesibilidad (que necesitan no solo los Adultos Mayores, sinó muchas otras personas: niños, mujeres embarazadas y personas con discapacidad) y ello debe considerarse un grave problema social.

Con relación a los Adultos Mayores, este problema los obliga a no trasladarse por los medios de transporte antes enunciados, a los destinos donde ellos quieren o necesitan ir, aislándose del resto de la ciudadanía. Esta "reclusión forzada" se constituye en factor de riesgo de depresión psíquica, sedentarismo e hipertensión y tras estos factores de riesgo, aparecen la cadena farmacológica, las caídas por acción medicamentosa, las heridas y lesiones, las discapacidades (temporarias o permanentes), el aislamiento, la exclusión, la muerte social y finalmente, la muerte física en un plazo evitable.

Se ha constatado que un gran número de Adultos Mayores sufre accidentes tanto como peatones o usuarios de los medios de transporte mencionados. Gran parte de esas víctimas podrían evitarse mediante cursos periódicos de sensibilización, concientización y capacitación permanente de los conductores, como forma de reducir el factor de riesgo humano.

Eliminar las "barreras en el transporte" posibilitará mayores contactos entre distintos grupos etarios y traerá mejoras en la vida urbana, ayudando así al cumplimiento de los Principios de las Naciones Unidas en favor de las Personas de Edad (1991), que propenden al desarrollo de los Adultos Mayores con autonomía e independencia.

Logotipo de Access Exchange International.

Omnibus inglés de piso bajo con rampa que se desliza bajo el piso.
Fuente: "Movilidad para todos". Access Exchange International.

Estaciones de "tubo" en Curitiba (Brasil), con accesos a nivel.
Fuente: "Movilidad para todos". Access Exchange International.

Un inaccesible vagón de ferrocarril.
Boletín "Accesible Transportation Around the World".

Barreras en la comunicación: "son los impedimentos e interferencias en códigos y en formas de emisión, transmisión y recepción de mensajes (visuales, orales, auditivos, táctiles, gestuales) que se presentan en los sistemas de comunicación para con las personas con discapacidad permanente o con circunstancias discapacitantes".
(S. Coriat, op. cit.).
"Facilitar la orientación y comunicación de todas las personas es imprescindible dentro de los conceptos de accesibilidad. La información proporcionada a todo nivel debe ser clara, legible en sus mensajes y de contenidos sencillos, dispuestos de forma tal que puedan ser captados por personas con problemas de comunicación sensorial, de percepción o desorientadas. Para ello resulta clave su localización y enclave en zonas que no interfieran con los flujos en los sistemas de circulación" (J. A. Juncà Ubierna, op. cit.).
Para que los Adultos Mayores con problemas de la comunicación –sea por dificultades en la audición y/o disminución en la visión– puedan salvar estas barreras, es preciso que existan, especialmente en el espacio y edificios públicos y en el transporte colectivo lo siguiente:

- Elementos de indicaciones acústicas, visuales y en Braille en los semáforos, ascensores, letreros informativos en estaciones de transportes colectivos y en las paradas de los mismos. Es muy conveniente que los semáforos además, tengan señales especiales acústicas y luminosas que indiquen que las luces están próximas a cambiar.
- Solados de advertencia y de guía (como se indica en Barreras urbanísticas) que con texturas y colores diferenciados y contrastantes, den aviso de cambio de niveles y de dirección.
- Deben instalarse planos hápticos* y sistema de lectura

* Háptico: con cualidad perceptible al tacto. Se refiere a planos y maquetas con relieve. Se utiliza para información de personas con discapacidad visual en sitios históricos y turísticos, museos, estaciones de transporte, etc.

Braille en edificios públicos, museos, exposiciones, etc.
- Todo lo relacionado con la señaléctica debe estar ejecutado con tipografías legibles y con contraste entre figura y fondo, con relieves, colores contrastantes, y en Braille.

Consideramos importante destacar que la eliminación conjunta de las cuatro barreras descriptas más arriba, favorecerá la formación de *la cadena de accesibilidad* que mencionamos en "El Hábitat inclusivo y los Derechos Humanos", con la cual se podrá mejorar la inclusión social de los Adultos Mayores y su calidad de vida.

El Diseño Universal

La necesidad de eliminar las barreras antes mencionadas, ha encontrado una forma de abordaje y una propuesta de solución que se denomina "Diseño Universal".

"Lo que comenzó como una investigación para soluciones arquitectónicas para personas que usan sillas de ruedas, ha evolucionado a través de las últimas décadas hacia un principio más amplio que los arquitectos, paisajistas y diseñadores deberían tomar en cuenta con relación a las necesidades de todas las personas a través de todas las fases del ciclo de la vida humana." ("Building a World for People" Adaptive Environments Center, Boston, Massachussets, USA, 2002).

El camino fue trazado en los Estados Unidos de América, al relacionar desde los comienzos de los años 70, a la discapacidad con los derechos civiles, lo que se hizo explícito en el Acta de Rehabilitación de 1973, que codificó una definición de accesibilidad: "acceso público para las personas con discapacidad".

A partir de los años 80, los profesionales del diseño propusieron un criterio más inclusivo: "el medio ambiente construido debe admitir personas de todos los tamaños, formas, edades y todos los niveles de habilidad física y cognitiva" ("Building a World for People").

Actualmente, el Diseño Universal es considerado como el que se refiere a productos y ámbitos para ser usados por todas las personas, con el mayor alcance posible, sin necesidad de adaptación o diseño especial.
Enumeraremos a continuación los Principios del Diseño Universal que sirven como guía a un amplio número de disciplinas del diseño, incluyendo el ambiental, el de productos y el de comunicaciones. Se considera que estos principios pueden servir para evaluar diseños existentes, guiar el proceso de diseño y educar tanto a los diseñadores como a los consumidores sobre las características más apropiadas de productos y ambientes.

Principio 1: Uso equitativo.
Diseño útil y asequible a personas con diversas capacidades.

1a- Proporciona los mismos medios de uso para todos los usuarios: idéntico, siempre que sea posible; equivalente, cuando no.

1b- Evita la discriminación de algunos usuarios.

1c- Garantiza privacidad y seguridad para todos los usuarios.

1d- Es atractivo para todos los usuarios.

Principio 2: Flexibilidad en el uso.
El diseño se adecúa a un amplio rango de preferencias y capacidades individuales.

2a- Proporciona opciones en los métodos de uso.

2b- Incorpora accesos y formas de uso para diestros y zurdos.

2c- Facilita la exactitud y la precisión al usuario.

2d- Proporciona adaptabilidad al espacio en que será utilizado.

Principio 3: Uso simple e intuitivo.
El diseño es de fácil comprensión, independientemente de

la experiencia, conocimiento, habilidad en el lenguaje o el nivel de concentración del usuario.

3a- Elimina complejidades innecesarias.

3b- Es consistente con las expectativas e intuición del usuario.

3c- Incorpora un amplio rango de informaciones y prioridades con lenguaje comprensible.

Principio 4: Información perceptible.
El diseño aporta la información necesaria para su uso, independientemente de las condiciones ambientales o de las capacidades sensoriales del usuario.

4a- Usa diferentes modalidades (gráficas, verbales, táctiles) para una información completa.

4b- Provee un adecuado contraste entre la información principal y la secundaria.

4c- Maximiza la legibilidad de la información principal.

4d- Compatibiliza con técnicas o dispositivos empleados por usuarios con limitaciones sensoriales.

Principio 5: Tolerancia al error.
El diseño minimiza las consecuencias peligrosas derivadas de acciones o accidentes.

5a- Agrega elementos que minimizan peligros y errores: los elementos más usados son más accesibles y los peligrosos son eliminados, aislados o blindados.

5b- Proporciona elementos de seguridad ante errores y peligros.

5c- Disuade de la realización de acciones involuntarias en tareas que requieren vigilancia.

Principio 6: Mínimo esfuerzo físico.
El diseño se utiliza de manera eficiente y cómoda con un mínimo de esfuerzo.

6a- Permite su utilización manteniendo el cuerpo en una postura natural.

6b- Utiliza fuerzas de funcionamiento razonable.
6c- Minimiza las acciones repetitivas.
6d- Minimiza los esfuerzos físicos sostenidos.

Principio 7: Espacio y dimensiones adecuadas para el acceso y el uso.
Proporciona espacio y dimensiones apropiadas para el acceso, el alcance, la manipulación y el uso, independientemente del tamaño, postura o movilidad del usuario.

7a- Proporciona una visión clara de los elementos importantes para cualquier usuario, sentado o de pie.
7b- Proporciona un alcance cómodo a todos los componentes para cualquier usuario, sentado o de pie.
7c- Incluye variaciones en los asideros para diferentes tamaños de manos.
7d- Provee espacios adecuados para dispositivos de ayuda o asistencia.

Debe tenerse en cuenta que dada la diversidad humana y antes situaciones de dependencia extrema por discapacidad, no es posible "encontrar una solución que satisfaga a todas las personas, tal como lo plantea la definición de Diseño Universal" (Arqta. María Nélida Galloni de Balmaceda, Boletín Informativo Nº 33 del Servicio Nacional de Rehabilitación, mayo 2006, Buenos Aires, Argentina).
Con lo recién mencionado, queremos expresar que los 7 principios no deben ser tomados como una receta en el sentido literal, sino que son una guía para el arquitecto y el diseñador, quienes deberán profundizar en las características de los usuarios y en los programas de necesidades.
Asimismo consideramos importante que el lector sepa que en muchas publicaciones especializadas, el Diseño Universal es denominado como Accesibilidad Universal o Integral.
Entendemos que los criterios que deben tenerse en cuenta en el desarrollo del Diseño Universal deben basarse no sólo

en la utilidad sino en la estética, la calidad, la compatibilidad con los entornos, el mantenimiento, la economía y el costo en sus diversas acepciones, la adaptabilidad, los beneficios sociales y asistenciales y la incorporación de nuevas tecnologías.

Capítulo 5

HÁBITAT Y VIVIENDA

El Hábitat y la vivienda para los Adultos Mayores es un tema que ha sido poco abordado en la investigación y bibliografía latinoamericanas. Sin embargo, paulatinamente se está considerando que el ser humano al desarrollarse en su Hábitat, éste ejerce influencia sobre aquél, a medida que atraviesa por diferentes etapas de su vida, por lo que las características de ese Hábitat debe ser tenido más en cuenta que lo que ha sido tenido hasta ahora, sobre todo enfocado hacia las nuevas necesidades y deseos de los Adultos Mayores.
Dados el incesante aumento del número de los Adultos Mayores y de su esperanza de vida en el mundo y en el país, así como de la responsabilidad de toda la sociedad de incluir socialmente a este grupo etario, surge la obligación de considerar sus necesidades habitacionales, postergadas como muchos otros aspectos de su Hábitat.
Actualmente, en la mayoría de los países se insiste en la conveniencia de que los Adultos Mayores permanezcan tanto cuanto sea posible en su vivienda, en contacto con su entorno habitual, sea éste urbano o rural. Asimismo se considera que la vivienda donde viven, convenientemente adaptada, tiene múltiples ventajas: conservación de la identidad, de la pertenencia, de la autoestima, del conocimiento de los elementos y de la infraestructura de la misma, así como del entorno barrial y de sus redes de apoyo, formales e informales.
Dice el arq. Victor Ragnier en su libro “Assisted Living-

Housing for the elderly" (Van Noorstrand Reinhold, N.Y., U.S.A.,1994): "Muchas veces se dice que el valor y sentido de una civilización pueden ser determinados por los registros que ésta deja a través de la arquitectura y que la verdadera medida de la compasión y civilidad de una sociedad, yace en cómo ésta trata a sus frágiles ancianos."
La vivienda expresa el resultado social de lo que acontece durante el ciclo de vida.
El arquitecto y antropólogo australiano Amos Rapoport en "Vivienda y Cultura" (Editorial Gustavo Gili, Barcelona, 1972) dice que: "La casa no es tan sólo una estructura, sino una institución creada para un complejo grupo de fines". "Porque la construcción de una casa es un fenómeno cultural, su forma y organización están muy influidos por el *milieu* cultural al que pertenece."
La función de la vivienda ha pasado a lo largo de la historia humana, de servir para la protección física primitiva a la protección psicológica del hombre actual.
En su largo desarrollo, la vivienda se fue afirmando como el continente de las necesidades humanas.
Tiene valor de refugio y recogimiento, protección climática y psicológica; otorga identidad y pertenencia y es expresión de la memoria y recuerdos de los ciclos de vida. Tiene por ello alto contenido afectivo.
El Adulto Mayor ha depositado en su vivienda, a lo largo de su vida, un conjunto de afectos y recuerdos de las diversas etapas de su ciclo vital. Se ha creado entre él y su vivienda una relación afectiva y una sensación de poder, por haber logrado tener su propio hábitat, desde el cual se fueron desarrollando sus vínculos de todo tipo. Ésto es lo que le confiere una fuerte imagen de identidad, pertenencia y autoestima.
La Licenciada en Sicología Graciela Tolchinsky, en su monografía "La inclusión de la vivienda en la consulta diagnóstica" presentada en la Quinta Conferencia Mundial

sobre el Envejecimiento de la Federación Internacional de la Vejez (Mar del Plata, septiembre de 2000) expresaba: *"La vivienda de las personas en proceso de envejecimiento debe considerarse tanto en lo material como en lo psicológico y social adecuable a sus necesidades a fin de facilitar la permanencia de las mismas en sus casas el mayor tiempo posible.*

Integrar la vivienda en el proceso diagnóstico apunta a que se cumpla dicho objetivo.

Las premisas que sustentan este abordaje privilegian la salud, la dignificación de la figura del anciano, la administración de los recursos internos y externos como tambien el mantenimiento o recuperación de su autonomía. No se trata de una adaptación ortopédica de la casa sino de proporcionar elementos de prevención tendientes a eliminar los riesgos de accidentes, mejorar la comunicación, la manipulación de objetos y enseres domésticos. La fase en la que el anciano no requiere de atención médica permanente y su estado psicofísico es bueno, ayudarlo a encontrar soluciones pequeñas y graduales que vayan acompañando sus necesidades es una tarea sencilla que no requiere grandes esfuerzos materiales ni emocionales. El mito que todo adulto mayor de 70 años requiere atención permanente es enteramente falso según los estudios más rigurosos: sólo un 30% de la población que pertenece a esa franja requiere verdaderamente atención continua.

Durante la vida, cada individuo se construye sobre un conjunto más o menos estable de apegos. Por apego entiendo la idea de un vínculo afectivo muy fuerte con situaciones, estados, signos y finalmente objetos, vínculo por medio del cual el sujeto accede al sentimiento de una existencia propia. La casa es un objeto singular entre los objetos de apego. Ha recibido y conserva como efecto de transferencia una vitalidad que concierne a historias humanas que hacen de ella una intimidad protegida."

Conocedor de su entorno, el Adulto Mayor puede moverse en él por sí mismo, aún con algún grado de discapacidad, y desde ya que lo podrá hacer en mejores condiciones si la vivienda es accesible[1] o si ha podido ser adaptada[2] o ser practicable[3].

Además, si el Adulto Mayor requiere cuidados domiciliarios (formales o informales), el mejor entorno físico facilitará el desarrollo de esos servicios, prestados por asistentes gerontológicos domiciliarios.

Por todo ello es muy importante adecuar las actuales viviendas de los Adultos Mayores, procurando hacerlas accesibles, adaptadas o practicables (de acuerdo a lo que sea factible) para mantener a sus habitantes el mayor tiempo posible en ellas y en su entorno comunitario, dejando un eventual traslado como última posibilidad cuando por distintos motivos (económicos, familiares, de salud física o mental, situaciones de soledad, imposibilidad de ningún tipo de adecuación arquitectónica necesaria, etc.) éste sea necesario.

La conveniencia o no de la permanencia (el mayor tiempo posible) del Adulto Mayor en su hogar, depende de muchos factores. Fundamentalmente deben tenerse en cuenta la salud y la capacidad funcional del Adulto Mayor para realizar las Actividades de la Vida Diaria y si la vivienda ofrece las características espaciales necesarias para el desarrollo de éstas sin riesgos o si tiene la posibilidad de hacerla accesible, adaptada o practicable.

Llegado el caso de tener que trasladar al Adulto Mayor de su vivienda a otro lugar, esto debería hacerse con el consentimiento del mismo, en ejercicio de su derecho de elegir,

---

1. Accesible: vivienda con adecuadas condiciones de seguridad y autonomía.

2. Adaptada: vivienda en la que se modificó su estructura o entorno para hacerlo lo más accesible posible.

3. Practicable: vivienda a la que se le ha podido solo brindar un grado restringido de accesibilidad debido a condicionantes estructurales.

lo que puede facilitar el proceso de adaptación a la nueva residencia, teniendo en cuenta las pérdidas y ganancias de este posible cambio.

Situación habitacional de los Adultos Mayores en la Argentina

La Argentina según datos del Censo 2001 (INDEC) tenía una población de 35.923.907 habitantes viviendo en 10.073.625 hogares.

Se define como hogar a una persona o grupo de personas que vive bajo un mismo techo y comparte los gastos de alimentación. (Censo 2001, INDEC).

Por lo tanto, teníamos un promedio de 3,48 habitantes por hogar.

La cantidad expresada de hogares se reparte entre 7.841.690 casas[1] (6.268.228 de tipo A[2] y 1.573.462 de tipo B[3] 1.599.348 departamentos y 632.587 viviendas de otros tipos (ranchos, casillas, inquilinatos, pensiones, hoteles, locales no construidos para viviendas y viviendas móviles) (Censo 2001, INDEC).

Los datos censales del 2001 (últimos disponibles) indicaban que el 81,40% de la población vivía en casas: el 62,58% en casas tipo A y el 18,82% en casas tipo B, el 11,84% en departamentos y el 6,76% en viviendas de otros tipos.

A la vez, respecto de las tenencias y propiedades, el Censo 2001 indicaba que:

---

1. Casa: vivienda con salida directa al exterior (sus habitantes no pasan por pasillos o corredores de uso común) construida originalmente para que habiten personas.

2. Casas tipo A: las que presentan las siguientes condiciones: piso fijo de mosaicos, madera, cemento, mármol, granito, baldosas, plástico, cerámica o ladrillo; que tiene provisión de agua por cañería dentro de la vivienda y dispone de inodoro con descarga de agua.

3 Casas tipo B: son el resto de las casas que no presentan las condiciones de las casa tipo A.

- el 70,63% de los hogares eran propietarios de vivienda y terreno.
- el 74,78% de los hogares que vivían en casas eran propietarios de vivienda y terreno.
- el 63,69% de los hogares que vivían en departamentos eran propietarios de vivienda y terreno.
- el 11,14% de los hogares eran inquilinos.

Estos datos eran muy similares para la población de Adultos Mayores:
Los Adultos Mayores vivían:

- 75,60% en viviendas propias.
- 15,70% en viviendas de familiares.
- 6,40% en viviendas alquiladas.
- 0,30% en otras formas de viviendas.
- 2,00% en instituciones.

(Secr. de Seguridad Social, 1995)

Respecto de la tipología, los Adultos Mayores vivían:

- 73,30% en casas (56,50% en tipo A y 16,80% en tipo B).
- 18,60% en departamentos.
- 7,00% en viviendas precarias.
- 0,60% en inquilinatos.
- 0,30% en locales no construidos para vivienda.
- 0,10% en hoteles y pensiones.
- 0,10% en viviendas móviles.

(Secr. de Seguridad Social, 1995).

Estos datos dicen que los Adultos Mayores de nuestro país viven mayoritariamente en casas y que son en alto grado propietarios de las mismas. Pero es de hacer notar que la inmensa mayoría de estas casas constituyen parte importante del déficit habitacional cualitativo del país, que asciende a 2.640.871 hogares carentes de condiciones mínimas de habitabilidad.

Las viviendas en las cuales viven los Adultos Mayores de la Argentina son obsoletas, tanto por su antigüedad como por su falta de mantenimiento y accesibilidad. La inmensa mayoría de ellas fueron construidas antes y durante la década de los 40.
Estos datos configuran una particular situación: los Adultos Mayores de la Argentina son propietarios de viviendas en un gran porcentaje, pero muchísimas de éstas están degradadas y ellos no pueden mantenerlas ni hacerlas accesibles. Es decir, que son como "ricos en vivienda y pobres en ingresos".
Estos hechos atentan contra su calidad de vida.
¿Que soluciones existen?
No hay dudas de que sin la intervención del Estado y de los gobiernos locales, así como de organizaciones de la sociedad civil, no será posible resolver esta grave y compleja situación.
Creemos que para este sector etario deben existir políticas financieras o de subsidios especiales desde el área pública, ya que la política de mercado de "hacer casas para quién pueda pagarlas". ("Situación habitacional en la Región Metropolitana de Buenos Aires-Tendencias y Perspectivas" Instituto del Conurbano-Universidad Nacional de General Sarmiento. Julio 2001) no lo contempla.
El sector bancario, tanto público como privado, debería aportar soluciones financieras como las que se aplican en otros países. Nos referimos, como ejemplo, al concepto de Hipoteca Revertida, que desarrollaremos más adelante y que les permitiría a los Adultos Mayores, hipotecar sus viviendas y obtener fondos para mejorarlas y disfrutar de sus últimos años de vida.
Entendemos que debe existir un Hábitat para la Tercera Edad, que esté incluido dentro del Hábitat para todas las edades y capacidades, pero que tendrá su especificidad propia y particular, debido a los programas especiales y flexibles que son necesarios aplicar para las distintas evoluciones de los Adultos Mayores.

Existen distintos tipos de viviendas y residencias para los Adultos Mayores. Ellas dependen de las particulares necesidades y posibilidades de este grupo etario, tanto en relación a su salud y capacidad funcional, como respecto de sus deseos, expectativas y capacidad económica.
Las políticas actuales en la materia sostienen que debe mantenerse a los Adultos Mayores durante el mayor tiempo posible en sus hogares, evitando o retrasando el traslado a otro lugar de residencia.
El aumento del número de los Adultos Mayores, junto con la reducción de las familias que los cuidan, hará cada vez más necesario el considerar distintas soluciones para el alojamiento de los mismos.

La Vivienda Protegida

La vivienda protegida es una alternativa y una solución integral, individual, familiar y comunitaria para distintas franjas socio-económicas de los Adultos Mayores, cuando existan razones económico-financieras, socio-familiares, situaciones de soledad, necesidad de atención y control de la salud, imposibilidad de hacer accesible, adaptable o practicable la vivienda, etc. que hagan necesario el traslado a una nueva vivienda, de características colectivas pero no institucionales.
La vivienda protegida ofrece la posibilidad de servicios optativos, en un entorno con características arquitectónicas que enfaticen el carácter residencial y que optimicen la independencia y autonomía de sus residentes que aún pueden desarrollar las Actividades de la Vida Diaria. Localizada en lo posible en la zona geográfica de pertenencia, podrá evitar desarraigos respecto de la comunidad de origen, manteniendo los contactos intergeneracionales, para que la nueva residencia no sea *"un ghetto de viejos"*.
La vivienda protegida es un concepto nuevo sobre las formas de habitar para los Adultos Mayores, con programas de

gestión y premisas de diseño adecuadas a este grupo etario, que suele necesitar servicios diferentes y flexibles. En este nuevo tipo de vivienda, ellos tienen la posibilidad de acceder a una mejor calidad de vida, en medios no institucionales, sin perder sus vínculos familiares, amicales y comunitarios. En la vivienda protegida, hallarán espacios más adecuados para mantener y desarrollar estos vínculos, a la vez que programas de libre elección serán el medio para satisfacer sus necesidades físicas y psicológicas, con la posibilidad de participación de esos vínculos. La vivienda protegida, mediante una arquitectura adecuada, que dé respuestas eficaces al programa y a la vez que facilite la gestión, asegurará a sus residentes, la privacidad, la sociabilidad, el confort, la ayuda domiciliaria y servicio de mucama, la seguridad, la autonomía, la posibilidad de elección entre distintos tipos de actividades en espacios diseñados para tal fin, en un marco de control y mantenimiento de la salud física y mental, con gran contención afectiva.

Programa arquitectónico para la Vivienda Protegida

A continuación desarrollaremos un programa de necesidades cualitativo, que debe ser considerado como indicativo y no limitativo, y que ante cada caso, deberá ser ajustado tanto en sus ítems como en sus superficies a los particulares requerimientos de los usuarios, a sus capacidades funcionales como a sus posibilidades económico-financieras.

- **Viviendas:** éstas pueden ser de 1 ó más ambientes, con cocina (o espacio para cocinar), baño y lavadero accesibles. Pueden tener o no balcones (en caso de existir deben permitir el giro de una silla de ruedas y los umbrales no deben tener más de 2 cm de altura). Tendrán las más modernas tecnologías de detección, alarma y comunicaciones con el resto de la vivienda protegida y con el exterior de ella, así como medios de evacuación seguros y señalizados. Es conveniente –y las modernas tecnologías lo hacen posible de manera económica– contar con sistemas de alarmas múltiples, ante cualquier tipo de emergencias, mediante una central inteligente, conectada con familiares, amigos y centros asistenciales y de seguridad.

- **Servicios generales:** salas de estar, biblioteca, salón de usos múltiples, saloncitos para reuniones privadas, baños y teléfonos públicos accesibles, comedor y cocina central (que puede dar servicios de comidas a los residentes que lo soliciten en sus propias viviendas), gimnasio y pileta de natación, kiosco tipo drugstore para pequeñas compras, una pequeña enfermería para controles médicos a nivel de atención primaria de la salud, lavaderos colectivos; espacios exteriores sin barreras arquitectónicas y con adecuada protección climática, con posibilidades de desarrollar juegos y prácticas kinesioterápicas y deportivas al aire libre, comidas, etc. asi como realizar pequeños cultivos de huerta, trabajos de floricultura y cuidado de pequeños animales de granja, en espacios cubiertos y descubiertos. Es conveniente incluir un jardín terapéutico.

Tambien puede considerarse tener un área de juegos para niños, ya que puede estimular a éstos a visitar a sus abuelos.

Debe tenerse en cuenta disponer de espacios de estacionamiento para residentes, personal, visitantes y personas con movilidad reducida, asi como para ambulancias; también para carga y descarga de distintos elementos.

Eventualmente puede haber un local para peluquería y manicura, ademas de un gabinete para podología.

A continuación presentamos un ejemplo de este tipo de vivienda.

Hogar "Egged" para Adultos Mayores, Haifa, Israel

El programa original estaba dirigido a crear un centro de actividades intergeneracionales, integrando a los Adultos Mayores residentes con los habitantes del vecindario, en el uso de espacios comunes.
El proyecto consta de tres sectores principales:

1- Sector residencial: consta de ciento veintinueve departamentos diseñados para Adultos Mayores, en tres torres de seis y siete pisos, con ocho departamentos por piso. El 75% son de dos ambientes y el 25% restante de un ambiente y medio, cada uno con baño, cocina y lavadero. Hay dos niveles de estacionamiento, ubicados bajo la planta baja del sector; asimismo en estos niveles se incluyen salas de estar, locales, talleres de actividades y un lavadero común.

2- Sector público: es muy amplio dado el objetivo de servir como un gran centro social para personas de todas las edades, que viven en el vecindario y para los Adultos Mayores que viven en el Hogar. Esta área incluye un amplio hall, biblioteca, sinagoga, gimnasio, piscina, solario, un minimercado cooperativo, restaurante, cafetería, amplias plazas y galerías bien orientadas, etc.

3- Sector de cuidados de la salud: consta de tres pisos. Incluye dos alas de internación y una sala de cuidados especiales. Este sector es accesible desde el nivel intermedio del sector público.
Una de las características de esta obra es la coexistencia de viviendas, servicios comunitarios y de salud.

Este gran conjunto fue proyectado por los arquitectos Dina Ammar y Uzi Gordon (Haifa, Israel).

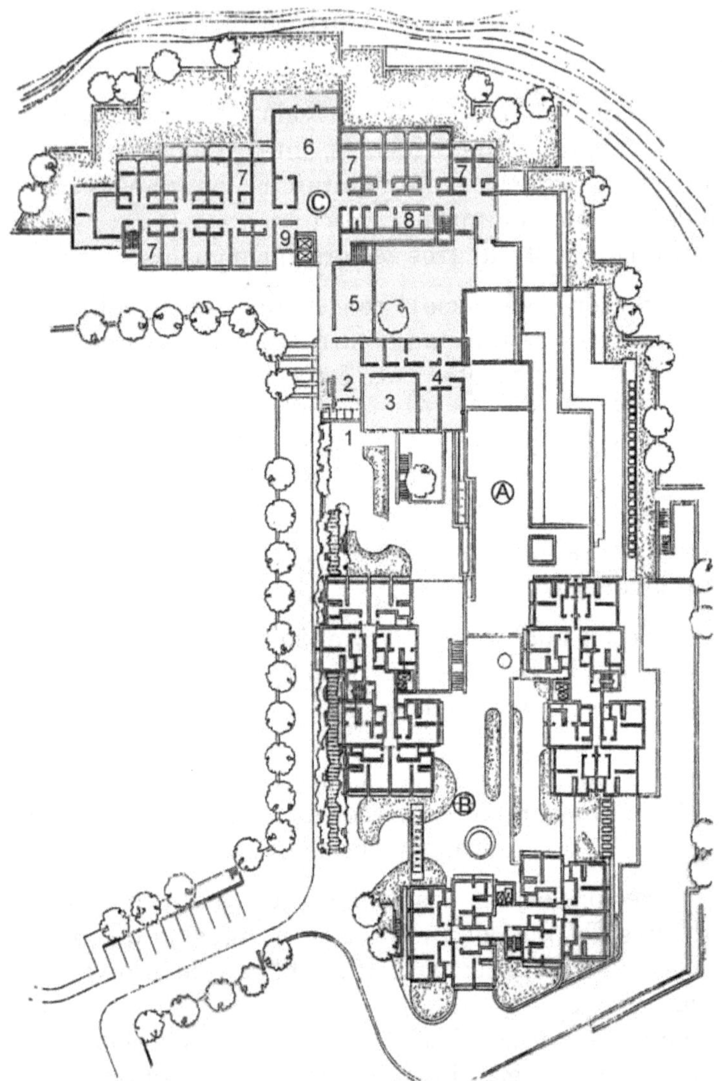

Planta de conjunto del Hogar "Egged"

Sector A: sector público y accesos (tiene 3 niveles).
Sector B: sector de viviendas (planta tipo de 6 a 7 niveles).
Sector C: sector de cuidados de la salud.
1. Acceso. 2. Entrada. 3. Fisioterapia. 4. Consultorios. 5. Terapia ocupacional.
6. Comedor. 7. Habitaciones. 8. Offices. 9. Enfermería.

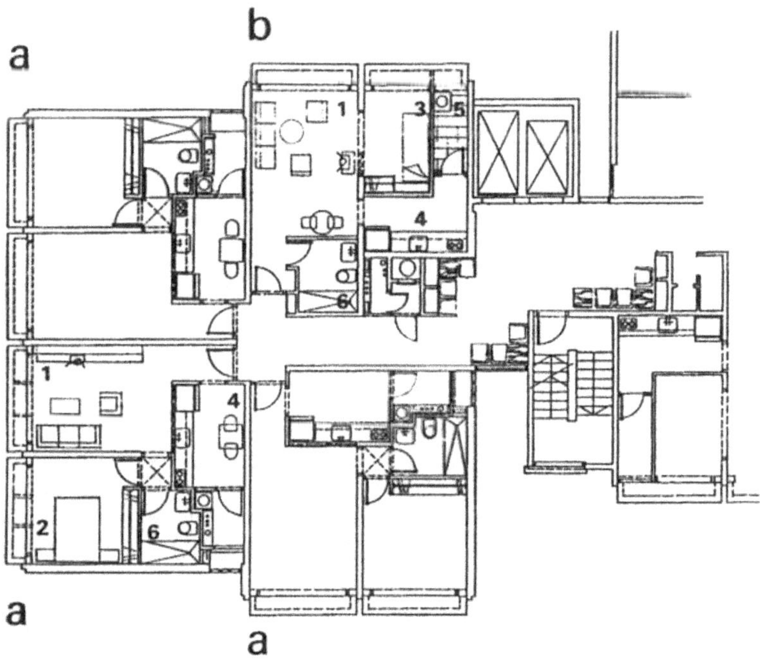

Planta tipo de viviendas (parcial) - Hogar "Egged"

a. Departamentos de dos ambientes.
b. Departamentos de un ambiente y medio.
1. Estar comedor.
2. Dormitorio.
3. Medio ambiente.
4. Cocina.
5. Lavadero.
6. Baños.

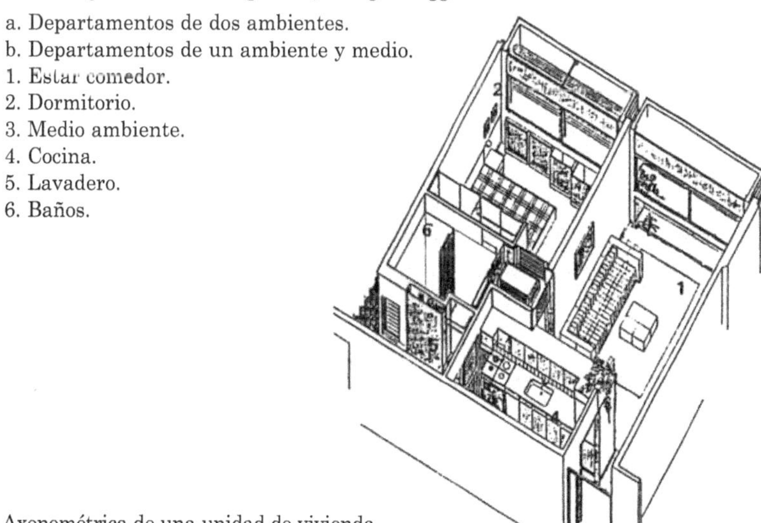

Axonométrica de una unidad de vivienda
Hogar "Egged"

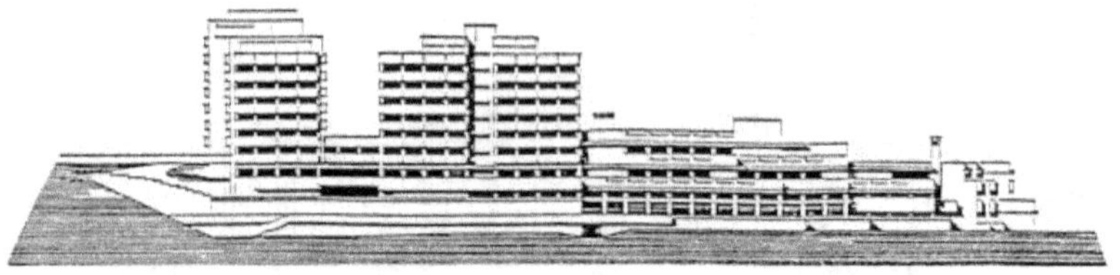

Vista Hogar "Egged"

La Vivienda Asistida

La vivienda asistida es una combinación de vivienda protegida, cuidados de la salud y de servicios asistenciales para aquellos Adultos Mayores que requieren ayuda en las Actividades de la Vida Diaria. En la vivienda asistida los servicios asistenciales deben ser disponibles durante las 24 horas corridas, para dar respuesta a necesidades programadas y no programadas de sus residentes. Sus principales objetivos son alentar el desarrollo de las capacidades existentes y compensar las disminuciones o pérdidas de las mismas. En cuanto al programa arquitectónico, la vivienda asistida contiene básicamente los mismos tipos de viviendas y de servicios generales que la vivienda protegida, pero se diferencia de ésta por tener un mayor acento en el mantenimiento y cuidado de la salud, la motricidad y la estimulación mental. Pero no por ello deben perderse las condiciones arquitectónicas de espacios con características hogareñas. El diseño arquitectónico debe procurar crear una continuidad entre la situación residencial previa y la nueva.

Programa arquitectónico para la Vivienda Asistida

- **Viviendas:** de iguales características que en la vivienda protegida, con gran énfasis en las condiciones de accesibilidad al medio físico.

- **Servicios generales:** de iguales características que en la vivienda protegida, deben contar tambien con: un pequeño centro administrativo (recepción, dirección, secretaría, oficina de personal, etc.), espacios para vestuarios y descanso del personal; depósito de ropa limpia y sucia, depósito de pertenencias de los residentes y taller de mantenimiento.
Pueden contar con un espacio para la fe. Podría considerarse tambien la existencia de un puesto de cajero automático, central telefónica y sistemas de vigilancia de espacios interiores y exteriores son considerados imprescindibles.
Es recomendable la existencia de un local para peluquería y manicura, así como un gabinete para podología.
- Parques, jardines y patios tendrán las condiciones de accesibilidad y de protección climática antes mencionadas y se considera muy favorable la existencia de un jardín terapéutico.

- **Servicios asistenciales:** consultorio médico, consultorio odontológico, sala y gabinetes de kinesiología y fisioterapia, pileta de natación de rehabilitación (con diseño accesible), salas de musicoterapia y terapia ocupacional, salas especiales para estimulación mental, farmacia y enfermería.
Dado que no es recomendable tener bañeras en las viviendas, sólo podría considerarse tener un baño con bañera asistida para usos terapéuticos (con superficie de aproximación) a razón de 1 cada 20 viviendas (tomando en cuenta lo expresado por la ley N° 962 del Gobierno de la Ciudad Autónoma de Buenos Aires).
En algunos países de Europa (Finlandia, Holanda y Suecia) en las viviendas asistidas –y tambien en las protegidas– se suele abrir el comedor, el S.U.M, la pileta y el Gimnasio para el uso de la comunidad, asumiendo el gobierno local los gastos y el control para posibilitar esta forma de usos compartidos.

Hogar de Día

Denominamos Hogar de Día a aquel espacio de funcionamiento diurno que da servicios socio-sanitarios y de apoyo familiar, dadas las necesidades personales de los Adultos Mayores, en aspectos sociales, terapéuticos y recreativos. Esta institución puede ser pública o privada y no debe estar alejada de las áreas de pertenencia barrial de sus usuarios.
Decía el Dr. Daniel Maglioco, en el Simposium Argentino de Gerontología Institucional (Facultad de Psicología, Universidad Nacional de Mar del Plata, 2005) refiriéndose a los programas para los Hogares de Dia del Gobierno de la Ciudad Autónoma de Buenos Aires que:
"Los Hogares de Día son centros diurnos de atención no permanentes cuya dinámica funcional se estructura en torno a la actividad reflexiva, recreativa, expresiva, productiva y preventiva; favoreciendo desde lo institucional la creación de un ámbito donde rescatar la potencialidad del Adulto Mayor, facilitando la reconstitución de redes sociales.
El servicio es de carácter integral ya que incluye prestación alimentaria (desayuno, almuerzo y merienda), atención profesional y talleres, además de organizar paseos, salidas de intercambio, etc.
El programa se articula sobre tres ejes fundamentales. Es una propuesta educativa, dado que provee un espacio de aprendizaje y búsqueda de nuevas experiencias desde el marco de los talleres. Es una propuesta comunitaria donde se prioriza el trabajo en red con otras instituciones y se promueve la inserción comunitaria desde el protagonismo ciudadano y es una propuesta de asistencia integral que ubica a la persona mayor en una posición activa y participativa."
El Hogar de Día ofrece un espacio para los casos en que sea necesario brindar atención y cuidados a los Adultos Mayores que viven en sus casas o en la de sus familiares y que por distintos motivos no pueden o no desean permanecer todo el día en sus domicilios.

Este tipo de institución puede ayudar a resolver situaciones que afectan la calidad de vida del Adulto Mayor, especialmente cuando las redes de contención socio-familiar han caído o están en crisis. La falta o baja cantidad y calidad de estímulos y de autonomía, junto con el sedentarismo, que pueden presentarse en las viviendas de los Adultos Mayores, contribuyen a acelerar el proceso de la vejez.
El Hogar de Día puede dar elementos y tratamientos para mejorar la calidad de vida del Adulto Mayor, permitiéndole seguir viviendo en su entorno familiar, procurando incorporar a éste, a las acciones que la institución lleva a cabo. Además complementa los programas de cuidados domiciliarios (formales e informales) y alivia el trabajo de los cuidadores habituales del anciano.
De esta forma, el Hogar de Día favorece evitar o postergar el ingreso de los Adultos Mayores a viviendas protegidas, asistidas o a residencias de larga estadía.
Existen basicamente dos tipos de Hogares de Día:

- para Adultos Mayores autoválidos y/o semidependientes;
- para Adultos Mayores con trastornos cognitivos que puedan tener dificultades de integración social con otras personas y que no requieran internación en un servicio de salud mental.

El Hogar de Día posee un fuerte efecto de rehabilitación, que ayuda a evitar o posponer la institucionalización, la discapacidad y disminuir el aislamiento, facilitando la reinserción social.
Un Hogar de Día queda definido por su programa y este programa por los tipos de usuarios; es por esto que existen, como dijimos antes, distintos modelos de Hogares de Día.
Los programas tienen en general algunos aspectos en común:

- la prevención y la promoción de la salud psico-física;
- preservar las capacidades remanentes;
- estimular y procurar la rehabilitación psico-física;

- favorecer la integración con el núcleo familiar y la resociabilización.

Programa arquitectónico para el Hogar de Día

Como hemos expresado anteriormente en **Vivienda Protegida**, los programas arquitectónicos que presentamos son cualitativos, indicativos y no limitativos debiendo ajustarse a las particulares características de los Adultos Mayores concurrentes a los Hogares de Día.

- Control de acceso.
- Guardarropas.
- Vestuario con armarios y sanitarios accesibles para usuarios.
- Dos locales para duchas asistidas, con inodoro y lavatorio accesibles, perchas y asientos con apoyabrazos para cambiarse y ducharse. Mas allá de objetivos higiénicos, se utilizan para el adiestramiento de las personas con discapacidad motriz.
- Vestuario con armarios y sanitarios para personal.
- Salón de Usos Múltiples: para realizar actividades de terapia ocupacional, pintura, cerámica, gimnasia, yoga, danzas, musicoterapia, taller literario, etc. Este salón puede ser compartimentado para permitir el uso simultáneo de diferentes grupos y debe tener por lo menos una mesada con pileta de lavar y espacios para guardado de los distintos elementos que se utilizan en las actividades.
- Sala de Estar: anexa al anterior, con sillones, pequeñas mesas, TV con videocasetera, computadora y con un espacio para cafetería.
- Sala de Descanso: con equipamiento accesible para el reposo (especialmente después del almuerzo).
- Gabinetes para taller de memoria: equipado con mesas, sillas, computadoras y con espacios para guardado de elementos.

- Gabinetes para fisioterapia: con camillas, mesitas auxiliares, percheros, biombos y lugares seguros para el guardado de equipos y de otros elementos.
- Consultorio: para ser utilizado por el médico, el psicólogo, el nutricionista y el kinesiólogo. Se debe preveer un espacio para el guardado de las historias clínicas.
- Consultorio para guardia médica psiquiátrica: sólo para los Hogares de Día para personas con trastornos cognitivos
- Oficina del responsable del Hogar de Día.
- Comedor.
- Cocina con office.
- Depósitos: para alimentos no perecederos, elementos de limpieza, materiales de las distintas actividades, etc.
- Patios y jardines sin barreras arquitectónicas y con adecuada protección climática.

Pueden incluirse espacios para floricultura, para una pequeña huerta y para cuidado de pequeños animales de granja; también puede existir un jardín terapéutico.

- Taller de mantenimiento.
- Estacionamiento: preveer espacios para vehículos de transporte de personas con movilidad reducida.

Capítulo 6

Residencias de Larga Estadía

Definimos a las residencias de larga estadía para Adultos Mayores como instituciones no sanatoriales destinadas al alojamiento temporario o permanente, alimentación, cuidados y servicios, recreación y rehabilitación psico-física de Adultos Mayores con o sin algún grado de dependencia, con la intervención de un equipo multidisciplinario y supervisión médica periódica.

La residencia de larga estadía para Adultos Mayores tiene como objetivo propocionar ámbitos integrales adaptables a las necesidades de los individuos envejecientes en las diversas fases evolutivas de las últimas etapas de la vida.

Dadas las numerosas variables que pueden presentarse en los procesos de envejecimiento, es importante adoptar criterios de flexibilidad para el logro del objetivo fundamental, que es la mejor calidad de vida en cada circunstancia.

La adaptabilidad a la capacidad funcional de cada uno de los residentes, en lo relacionado con la movilidad, los trastornos cognitivos, la morbilidad, la fragilidad y los problemas que se pueden presentar en la salud física o mental de los mismos, es la premisa fundamental a tener en cuenta, cuando se trata de definir la estructura de una residencia de larga estadía para Adultos Mayores.

Consideramos importante antes de desarrollar los aspectos arquitectónicos de las residencias de larga estadía, expresar lo que significa para un Adulto Mayor el ingreso a estas instituciones, por ser la institucionalización uno de los hechos más importantes de su vida.

Tomamos de la Lic. Norma Lew (AGEBA-Asociación Gerontológica de Buenos Aires- Cuadernos de Gerontología, Año 6 Nº 11, noviembre 1993: Seminario "La institucionalización y sus costos") la siguiente idea: "Pasar de un hábitat conocido y muchas veces entrañablemente querido, al ámbito de una institución, constituye un hecho de tal magnitud, que tanto por sus implicancias psicológicas y sociales, como por el proyecto de vida, que a partir de ese momento se comienza a dar, se convierte en una de las situaciones de mayor trascendencia en la vida de un anciano."

La institucionalización es necesaria cuando el Adulto Mayor no puede desarrollar con autonomía e independencia las Actividades de la Vida Diaria y son insuficientes las redes de sostén familiar o social y cuando no pueda adaptarse la vivienda para eliminar los riesgos que presentan las barreras arquitectónicas.

Decía la Lic. Alicia Schwartzman (AGEBA, op. cit.): "Hay un cambio, hay algo que tiene otro territorio, otro código, otros espacios, otras reglas, un país nuevo".

Adecuados criterios de habitabilidad, una arquitectura enriquecida con ambientaciones armoniosas y hogareñas de los espacios interiores y exteriores hacen que una residencia de larga estadía pueda ofrecer seguridad, atención y apoyo para las necesidades y expectativas de los residentes y sus grupos familiares.

La arquitectura debe acompañar de manera sinérgica a la institución para despertar energías y creatividades, facilitando al residente su adaptación y ser sujeto de su propia rehabilitación, respetando la intimidad individual y estimulando las relaciones sociales; todas estas condiciones favorecen el aumento de la autoestima del residente y por consiguiente de su calidad de vida.

Facilita también la tarea del equipo multidisciplinario al permitir y sostener la autonomía e independencia de los residentes.

Para ello, debe lograrse eficacia y flexibilidad en el uso de los espacios, facilitando a la gestión institucional el desarrollo de una mejora continua en la calidad de sus servicios, en beneficio de los residentes.
La arquitectura debe expresar una institución consustanciada con la ideología de la rehabilitación psico-física y no con la imagen empobrecida de "depósito de ancianos".
Las residencias de larga estadía pueden clasificarse según la capacidad funcional de los Adultos Mayores que necesitan ingresar en ellas (basándonos en lo indicado en la ley N° 1003 / 2003 del Gobierno de la Ciudad Autónoma de Buenos Aires, de "Marco Regulatorio de Establecimientos Residenciales y Servicios de Atención Gerontológica") en:

- Para Adultos Mayores autoválidos.
- Para Adultos Mayores dependientes y semidependientes.
- Para Adultos Mayores con trastornos cognitivos y que no requieran internación en un servicio de salud mental.

Programa arquitectónico para Residencias de Larga Estadía

Es importante recordar que los programas son indicativos y que seguramente el avance del conocimiento gerontológico planteará nuevas necesidades y espacios para resolverlas, sin olvidar que siempre deberán ajustarse a las reglamentaciones existentes.
El programa que desarrollamos a continuación se puede aplicar para cualquiera de los tres tipos de residencias de larga estadía; debe tenerse en cuenta –como se verá– que las residencias para Adultos Mayores con trastornos cognitivos (por ejemplo, la enfermedad de Alzheimer) requieren de programas y diseños especiales que se desarrollarán más adelante.

- Control de acceso y recepción: debe incluir un área de recepción con hall de espera, cabina telefónica y servicios

sanitarios accesibles. Puede preveerse un espacio para guardarropas.
- Administración: con oficinas generales para jefe administrativo y personal; debe tenerse en cuenta disponer de lugar para archivos de historia clínicas, archivos generales, depósito de papelería y sanitarios para el personal del área.
- Dirección: despacho para el Director con sanitario propio. Puede considerarse un área contigua para Secretaría.
- Sala de reuniones: para los equipos profesionales.
- Área de Asistencia Social: oficina para el asistente social y sala de reunión con los residentes y sus familiares.
- Área de Asistencia Sanitaria: según programa de necesidades y reglamentaciones; puede incluir consultorio médico (con baño), enfermería y farmacia.
Puede existir un sector para cuidados especiales (convalecientes en general, fracturados, terminales, etc.).
- Área de Servicios Especiales: puede contar con espacios para: gimnasio, pileta de natación, kinesiología, fisioterapia, terapia ocupacional, musicoterapia, taller literario, taller de estimulación de la memoria.
- Área de Servicios Residenciales: con habitaciones y baños accesibles; comedor/es, salas de estar (sala de TV, sala de juegos, biblioteca, espacio para una pequeña cafetería) y una salita para reunión de los residentes con familiares y amigos.
Puede incluirse un espacio para peluquería, manicuría y podología.
En algunas residencias puede incluirse un espacio para la fe.
- Área de Servicios Generales: comprende cocina y office, con heladera, freezer y cámaras frigoríficas (estas últimas según necesidades) y depósitos de alimentos perecederos y no perecederos. Vestuario de personal con sanitarios.

Lugar de descanso para el personal. Puede necesitarse lavadero, depósitos de ropa limpia y sucia, depósitos generales, taller de mantenimiento y morgue, según programa de necesidades y reglamentaciones existentes.
- Parques, jardines y patios: con áreas parquizadas, senderos accesibles, zonas de descanso con protección climática y todo lo expresado en **Servicios Generales de Vivienda Protegida**. Es conveniente la inclusión de un jardín terapéutico.
- Estacionamiento: además del necesario para visitantes y personal, se deben preveer espacios para vehículos de transporte para personas con movilidad reducida y ambulancias, así como para carga y descarga de diversos elementos.

Criterios de Proyecto para Residencias de Larga Estadía

La ubicación de las residencias, en la medida de lo posible, debe estar próxima al lugar de la comunidad de origen de sus residentes, para no perder los contactos con familiares y amigos así como las sensaciones e imágenes de pertenencia. Asimismo debe tenerse en cuenta la proximidad con los servicios de salud, centros comerciales, lugares de esparcimiento y medios de transporte.
Tambien se considera importante que su ubicación permita a los residentes no sentirse aislados de los cambiantes movimientos de la vida cotidiana, procurando evitar así sentimientos de aislamiento y exclusión.
Desde ya que deben tenerse en cuenta para el diseño arquitectónico de las residencias de larga estadía todo lo relacionado con lo expresado en el Capítulo 1 sobre la eliminación de las barreras arquitectónicas, pero dado que el fenómeno descripto como de *institucionalización* es un hecho muy complejo y de gran importancia en la vida de los Adultos

Mayores, es preciso considerar características especiales respecto de algunas áreas de estas residencias.
Creemos que en función de las elevadas edades de los residentes de las residencias de larga estadía y de las discapacidades que algunos tienen o que pueden llegar a tener, es conveniente considerar que toda la arquitectura que se desarrolle para ellas, debe contar con *espacios accesibles* (en los términos que ya definimos en este libro) en la totalidad de sus áreas. Si bien, a modo de ejemplo, la ley N° 962 del Gobierno de la Ciudad Autónoma de Buenos Aires, no exige que la totalidad de las habitaciones y baños sean accesibles, la evaluación gerontológica actual indica la necesidad de generalizar el criterio de accesibilidad total en toda la institución.

Criterios de diseño para Viviendas Protegidas y Asistidas, Hogares de Día y Residencias de Larga Estadía

El diseño arquitectónico debe crear una continuidad entre la situación residencial previa y la nueva.
Se deben diseñar los edificios destinados a vivienda o residencia para Adultos Mayores, de tal manera que éstos se sientan en ellos como en su hogar, cuando no haya otra alternativa que dejar el lugar de residencia anterior.
El proyecto arquitectónico debe dar respuestas integrales y flexibles a las diferentes necesidades que tienen las distintas etapas evolutivas del proceso de la vejez. Este proceso es diferente para cada uno de los Adultos Mayores y tiene relación con sus capacidades funcionales, especialmente en lo relacionado con la movilidad y el nivel cognitivo. Garantizar la movilidad y el reconocimiento del espacio en que se desarrollan sus actividades, ayuda a mejorar la calidad de vida de residentes y usuarios y el incorporarse positivamente tanto a los Hogares de Día como a los distintos

tipos de viviendas o residencias de larga estadía donde van a concurrir o vivir y facilita asimismo el trabajo del personal.
Es importante que existan conexiones visuales con el mundo exterior y con los movimientos de otras personas.
Los pasillos deberían no exceder de los 20 m de largo (especialmente si no tienen luz natural) y si es posible, que estén interrumpidos por halles, espacios de estar, etc. favoreciendo los encuentros entre residentes.
Los residentes valoran el facil acceso a los lugares comunes y la posibilidad de visualizar el interior de éstos, antes de entrar en ellos, para poder así elegir con quién compartir una charla o un juego.
Respecto de los comedores, en el caso de que no se puedan hacer varios de ellos más reducidos, un comedor grande puede aparecer como más pequeño y acogedor mediante la colocación estratégica de maceteros, mamparas y/o muebles.
Las salas de estar de las residencias de larga estadía pueden estar distribuidas por sectores o ubicadas unas a continuación de otras, separadas por sistemas de puertas corredizas o plegadizas, para integrarlas en circunstancias de eventos que necesiten de mayor espacio.
Colores contrastantes entre paredes, puertas y llaves de luz ayudan a identificarlas a las personas con visión reducida. Por el contrario para intentar impedir el uso o el accionamiento de determinados elementos, éstos deben ser de igual color que la superficie que los contiene.
La iluminación será adecuada a personas con disminución de su capacidad visual, sin conos de sombra: recordar que los Adultos Mayores necesitan mucha más intensidad lumínica que las personas jóvenes. Se deben evitar deslumbramientos, brillos y reflejos. Es conveniente ubicar luces vigías a unos 25 cm del piso, en habitaciones y circulaciones generales.
El control acústico (mediante superficies absorbentes) es necesario para facilitar la conversación de los Adultos

Mayores con problemas auditivos en áreas muy ruidosas o con reverberación.
Deben existir sensores de alarma de fuego, gases, etc. conectados a una central y a las instalaciones reglamentarias para combatir incendios, así como la señalética (adecuada a personas con disminución visual) y altoparlantes (con volumen adecuado a personas con disminución auditiva) para orientaciones y comunicaciones a residentes y personal.
Los sistemas de climatización y protección solar, deberán tener en cuenta las características geográficas del lugar y los particulares requerimientos de confort de los residentes. Los sistemas que se instalen, deberán tener en cuenta que no deben ser accionados de ninguna manera ni estar al alcance de los residentes.
Preveer que en las zonas de estar al aire libre (con adecuada protección climática) exista un espacio cubierto (con parrilla) para reuniones sociales.

Residencias de Larga Estadía combinadas con Hogares de Día

Es posible que las residencias de larga estadía incluyan en sus prestaciones los servicios de Hogar de Día. De hecho, la ley N° 1003/2002 del Gobierno de la Ciudad Autónoma de Buenos Aires autoriza su existencia, denominándola como *prestación polimodal.*
Si bien esta combinación o prestación polimodal permite racionalizar y optimizar el uso de instalaciones y servicios (lo que incide en la reducción de costos) no se conocen evaluaciones acerca de sus beneficios para los Adultos Mayores concurrentes.
A continuación presentamos ejemplos de este tipo de institución.

Nuevo Hogar y Centro de Ancianos para la Comunidad Judía "Le Dor Va Dor", Ciudad de Buenos Aires, Argentina

Sobre un predio urbano con frentes a dos calles paralelas, donde existía una planta industrial de grandes naves de hormigón armado, se proyectó y construyó esta obra inaugurada en 2007. Se conservó la estructura de hormigón armado existente y se demolieron partes centrales de la misma, para obtener dos patios circulares (uno de los cuales llega hasta la planta baja) para proporcionar iluminación y ventilación natural a las zonas de estar y circulación.

En la planta baja se encuentran las actividades generales: acceso, recepción, administración, salas de estar, biblioteca, sinagoga, talleres para actividades, salas de fisioterapia y kinesiología, comedor, cocina, lavadero, farmacia, servicios generales y sala de máquinas. Un gran espacio exterior, conectado con las salas de estar, el comedor y la biblioteca da gran iluminación natural a estos locales a la vez que brinda solaz y confort visual a los residentes.

En el 1°, 2° y 3° piso se encuentran las habitaciones con baño privado accesible y otras salas de estar.

En el 3° piso, la parte cubierta sólo ocupa la mitad de la planta; la terraza, que ocupa la otra mitad de la planta, es un lugar de expansión con pérgolas y parrilla.

En el 1° piso, sobre las salas de kinesiología de la planta baja, se encuentran áreas de servicios y los vestuarios del personal; en el 2° piso, sobre el anterior, se localiza el área médica.

El acondicionamiento térmico se realiza mediante un piso radiante y un sistema de aire acondicionado central frío-calor.

Un muro cortafuegos divide el edificio en dos partes, a los efectos de aislar la zona de fuego y facilitar la evacuación en caso de emergencia.

Este proyecto fue realizado por los estudios de los arquitectos Dujovne-Hirsch y Grinberg-Dwek-Iglesias.

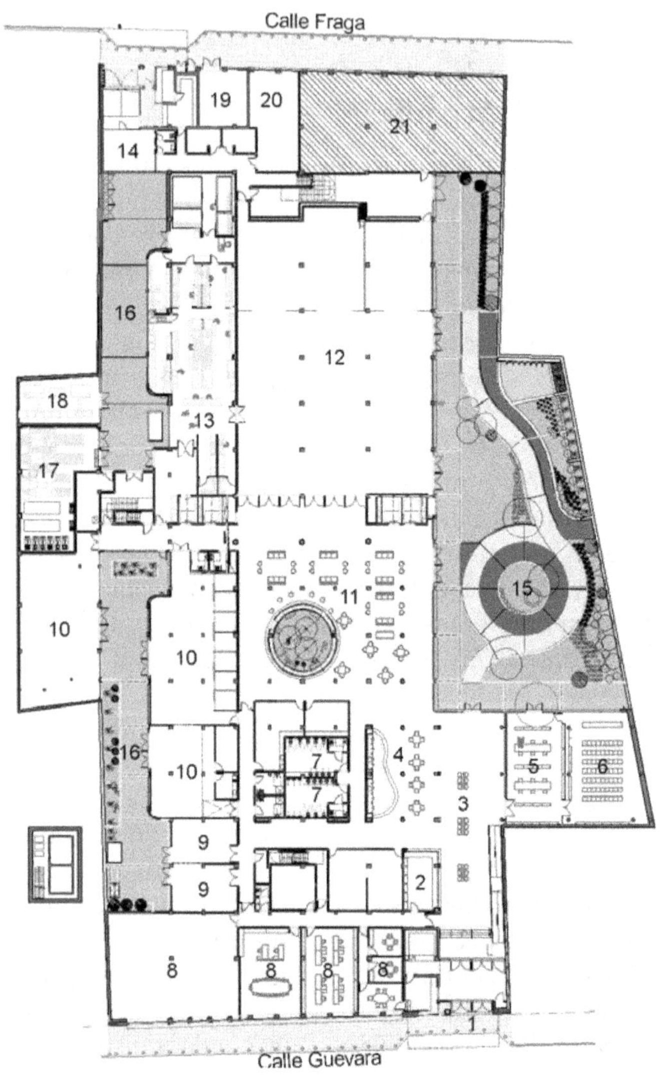

Hogar y Centro de Ancianos "Le Dor Va Dor" - Planta Baja:

1. Acceso. 2. Recepción. 3. Hall de espera. 4. Bar. 5. Biblioteca. 6. Sinagoga. 7. Sanitarios de público. 8. Administración. 9. Futuro Centro de Día. 10. Kinesiología / Terapia ocupacional. 11. Estar. 12. Comedor. 13. Cocina. 14. Acceso de ambulancias y proveedores. 15. Jardín. 16. Patio de servicio. 17. Sala de máquinas. 18. Tablero eléctrico. 19. Cámara transformadora. 20. Taller y depósito. 21. Futuro crecimiento.

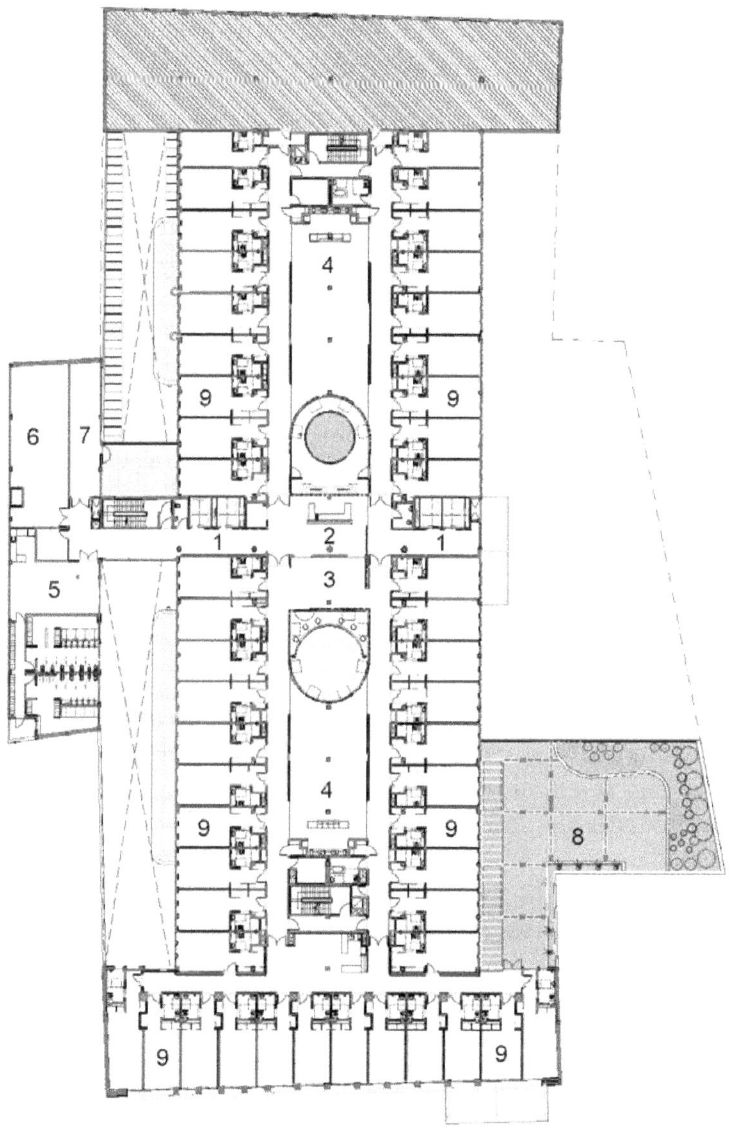

Hogar y Centro de Ancianos "Le Dor Va Dor" - Planta 1° piso:

1. Hall de ascensores. 2. Control. 3. Salas de estar. 4. Comedores. 5. Área de personal. 6. Depósito. 7. Depósito de ropa limpia. 8. Terraza. 9. Habitaciones.

Fundación para los Niños y Ancianos, Provincia de Buenos Aires, Argentina

Sobre un amplio terreno suburbano con frentes a dos calles paralelas entre sí (donde existía una pequeña Residencia de Larga Estadía), se proyectó una nueva Residencia y la ampliación y modificación de la existente. En ésta última, a la cual se le agregó un piso, se concentraban los residentes que requerían cuidados especiales, los enfermos de Alzheimer y otros trastornos cognitivos. Se centralizaban en esta Residencia los locales de servicios especializados de medicina, enfermería y rehabilitación psicofísica.
Los residentes autoválidos y semidependientes se alojarían en la nueva Residencia, rodeada de grandes espacios parquizados. En tres pisos altos, conectados por ascensores camilleros y escalera con caja contra incendio, se ubicaron las habitaciones (todas con baños privados accesibles) para uno o dos ocupantes. En cada piso se proyectaron una enfermería, office, salas de estar y de reunión familiar, solario y baños asistidos.
En la planta baja se encuentran las salas de estar, juegos, televisión y biblioteca, el comedor, un miniteatro y la capilla. Asimismo se encontraban en la misma planta, las oficinas administrativas, la cocina, el lavadero y los vestuarios del personal.
Las salas de estar y el comedor, se abrían por medio de amplios ventanales a terrazas que se continuaban con los espacios verdes.
Este proyecto fue realizado para un concurso por los arquitectos Débora Di Véroli, Cecilia Valcarce y Eduardo Schmunis en el año 2007.

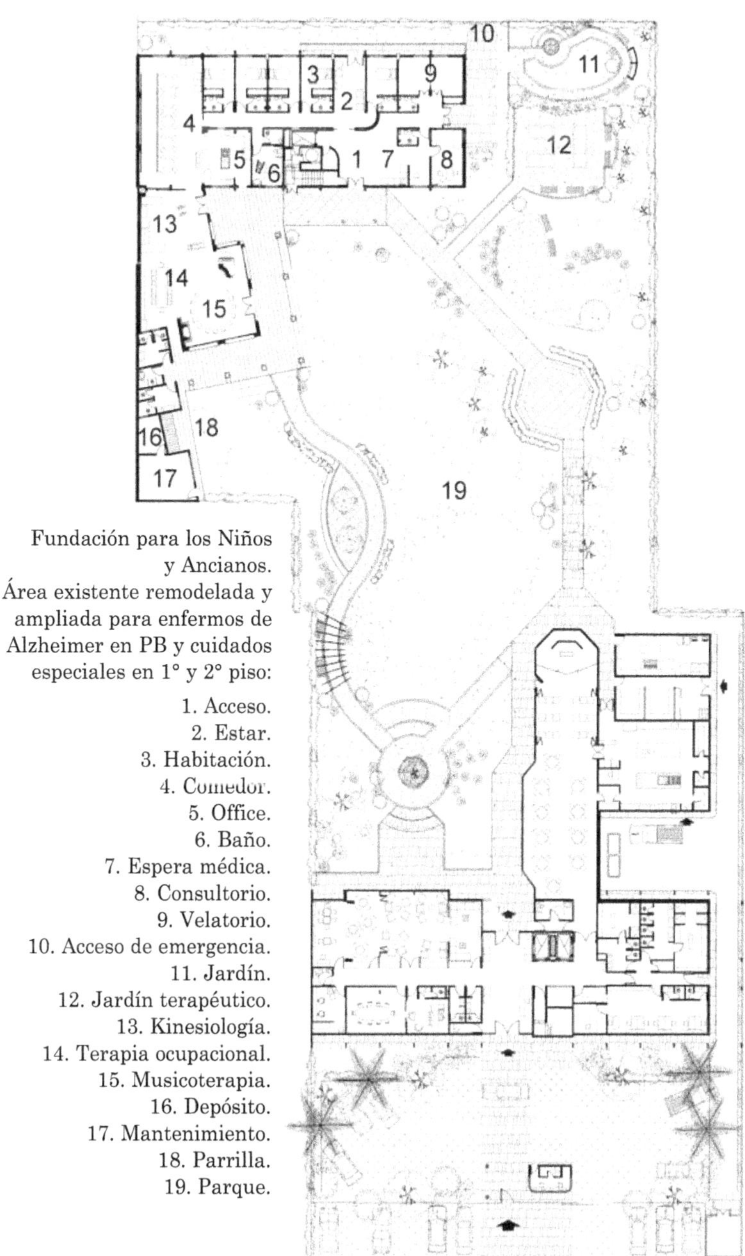

Fundación para los Niños
y Ancianos.
Área existente remodelada y
ampliada para enfermos de
Alzheimer en PB y cuidados
especiales en 1° y 2° piso:

1. Acceso.
2. Estar.
3. Habitación.
4. Comedor.
5. Office.
6. Baño.
7. Espera médica.
8. Consultorio.
9. Velatorio.
10. Acceso de emergencia.
11. Jardín.
12. Jardín terapéutico.
13. Kinesiología.
14. Terapia ocupacional.
15. Musicoterapia.
16. Depósito.
17. Mantenimiento.
18. Parrilla.
19. Parque.

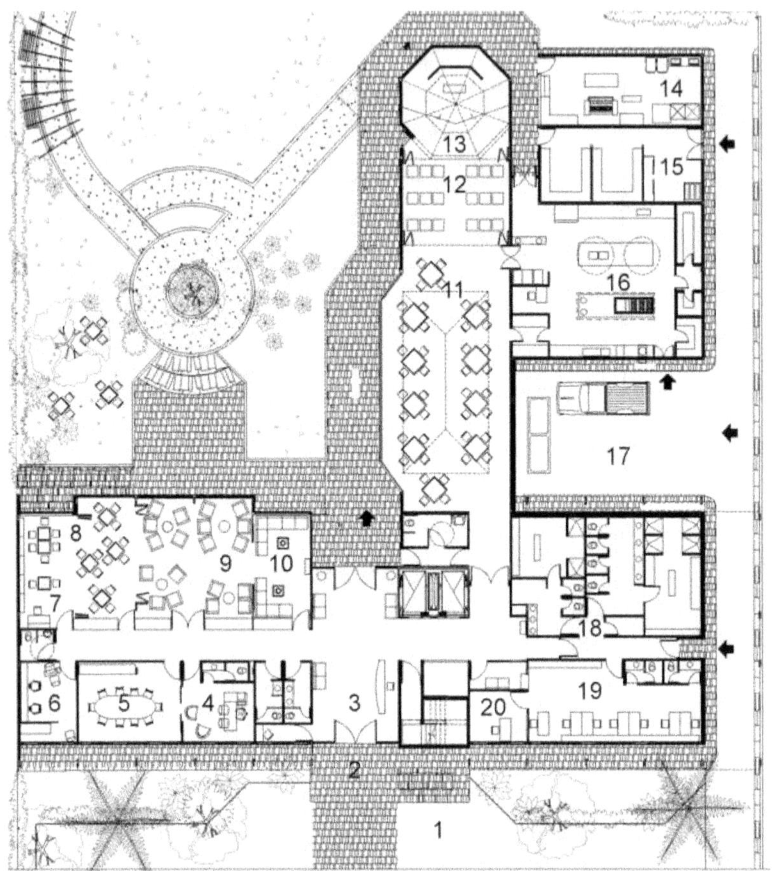

Fundación para los Niños y Ancianos

Residencia de autoválidos y semidependientes: Planta Baja
1. Estacionamiento. 2. Acceso principal.
3. Recepción. 4. Oficina de dirección. 5. Sala de reuniones.
6. Peluquería. 7. Biblioteca y PC. 8. Sala de juegos.
9. Sala de estar. 10. Sala de televisión. 11. Salón comedor.
12. Microteatro. 13. Capilla. 14. Lavadero. 15. Depósitos.
16. Cocina. 17. Playa de carga y descarga.
18. Vestuarios de personal. 19. Oficina administrativa.
20. Jefe administrativo.

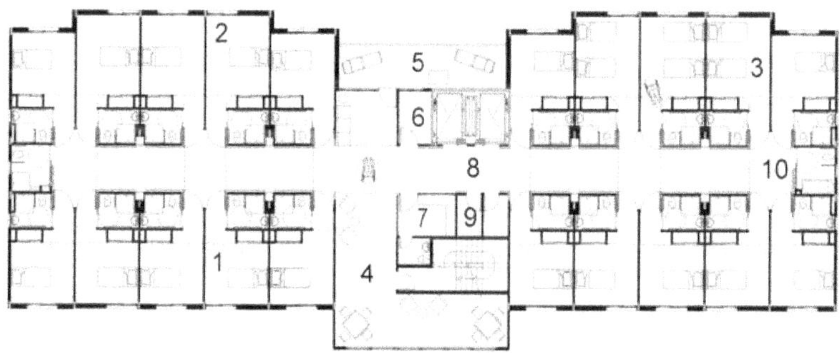

Fundación para los Niños y Ancianos
Planta tipo de la Residencia para autoválidos y semidependientes (1° a 3° piso)
1. Habitación individual chica 2. Habitación individual grande.
3. Habitación doble 4. Estar de piso 5. Solario.
6. Sala de caldera y útiles de limpieza 7. Enfermería.
8. Circulación 9. Depósitos de ropa limpia y sucia.
10. Baño asistido.

Residencias de Larga Estadía en España

España tiene desde hace varias décadas un importante desarrollo de los servicios sociales para sus Adultos Mayores. En los últimos años, debido al gran incremento de este grupo etario (y con edades muy avanzadas), distintas Comunidades han emprendido obras de residencias de larga estadía y hogares de día (denominadas Centros Residenciales con atención diurna).

Algunas de estas obras han sido desarrolladas, tras las realizaciones de concursos públicos, mediante el régimen de concesión administrativa. Este régimen otorga en concesión por 50 años a los ganadores de los concursos, la explotación de esos Centros, construidos y equipados por ellos. Las Comunidades reservan para ellas un cierto número de habitaciones para aquellos Adultos Mayores que los Servicios Sociales de dichas Comunidades determinen que deban ser institucionalizados.

Son muchos los Centros construidos en los últimos años, por

lo que sólo mostraremos aquellos ejemplos que consideramos que puedan ser del mayor interés para nuestros lectores.
En general, estos Centros Residenciales son obras de planta baja y con 2, 3 o 4 pisos altos. Su capacidad es para 180 residentes, con habitaciones individuales (entre 124 y 128), dobles (entre 16 y 18) y para enfermos de Alzheimer (no menos de 20) todas con baños privados accesibles. Las habitaciones para enfermos de Alzheimer tienen una pared con cristales de seguridad con persianas de oscurecimiento, que dan a un amplio pasillo. De esta manera, los enfermos pueden tener privacidad total, a la vez que facilita la asistencia y su vigilancia.
Como indicáramos antes, estos Centros también prestan atención diurna para los Adultos Mayores que la necesiten y que vivan en sus proximidades.
Para el conocimiento de nuestros lectores, mencionaremos algunos construidos por la Comunidad de Madrid, mediante la gestión de la Conserjería para Servicios Sociales: Villaverde, Getafe, Ciudad Lineal, Torrejón de Ardoz, San Agustín del Guadalix, Alcalá de Henares, Alcobendas, Las Rozas, Villanueva de la Cañada, Sanchinarro, San Blas. Usera. San Fermín, Estremera y Cenicientos.

Ejemplos de habitaciones tipo de los Centros residenciales con atención diurna en Madrid, España.

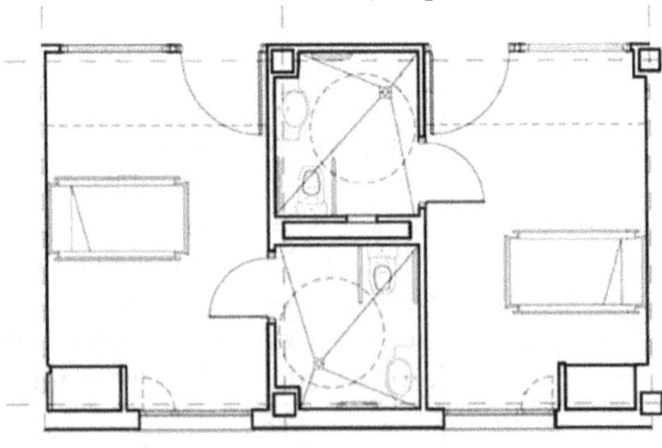

1. Habitaciones individuales.para enfermos de Alzheimer.

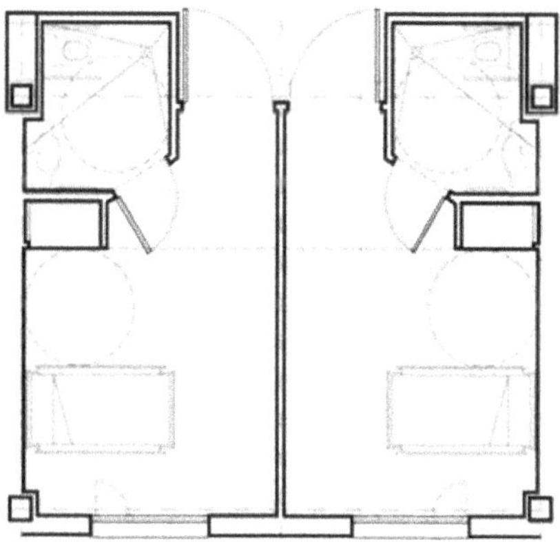

2. Habitaciones individuales.

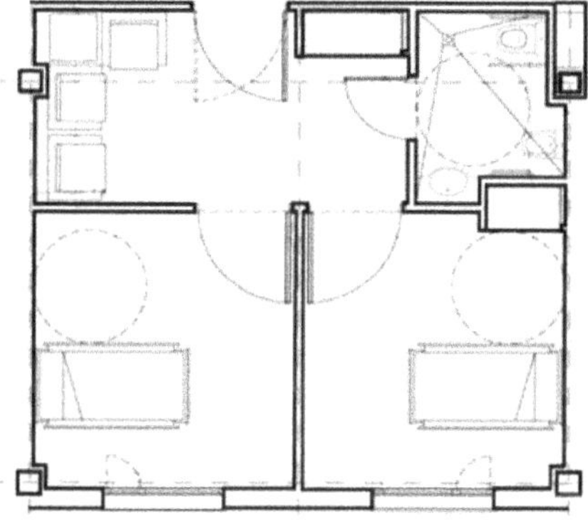

3. Habitaciones dobles con sala de estar.

Centro Residencial con atención diurna de Tomelloso (Ciudad Real) Comunidad de Castilla, La Mancha (2003)

Está construido sobre un terreno muy plano y tiene 6.070 m^2, entre Sótano (para servicios generales), Planta Baja (con servicios administrativos, comedor, biblioteca, sala de usos múltiples y locales para terapia ocupacional, rehabilitación y fisioterapia) y dos pisos altos.

A diferencia de otros Centros Residenciales con atención

diurna, esta residencia es más pequeña, ya que tiene capacidad para 120 residentes y para 30 Adultos Mayores, sólo concurrentes a las actividades diurnas.
Posee 34 habitaciones individuales, 34 dobles y 18 para enfermos de Alzheimer (estas últimas en planta baja, desde la que se accede a un jardín protegido para ellos). Todas las habitaciones tienen baños privados accesibles.
El edificio tiene forma de "L" con el núcleo de circulación vertical en la parte interna del ángulo de la misma.
Para mejorar la labor asistencial y la calidad de la convivencia de los residentes, el Centro Residencial está organizado en unidades de no mas de 24 personas.

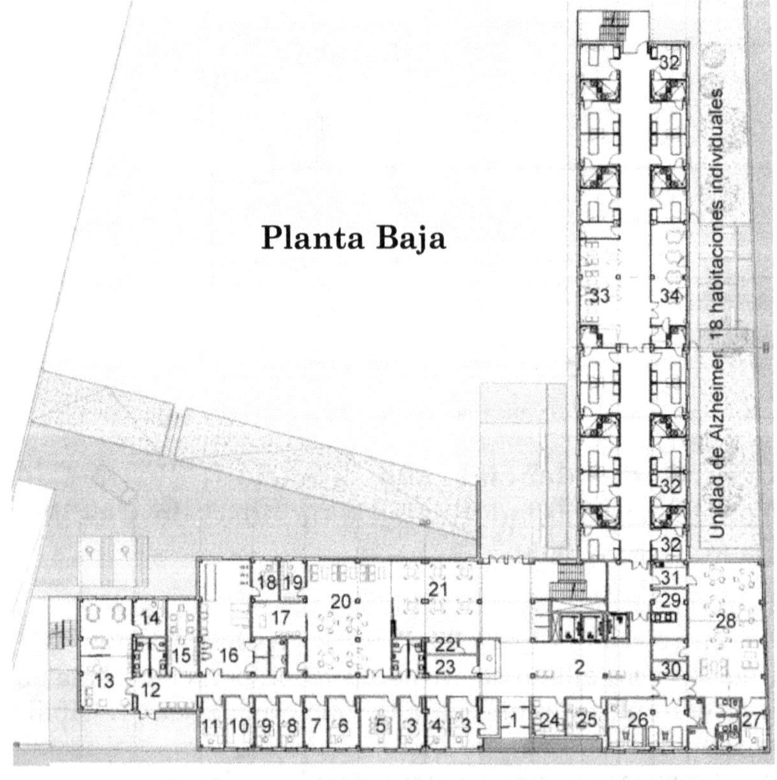

Centro Residencial con atención diurna de Tomelloso - Planta Baja

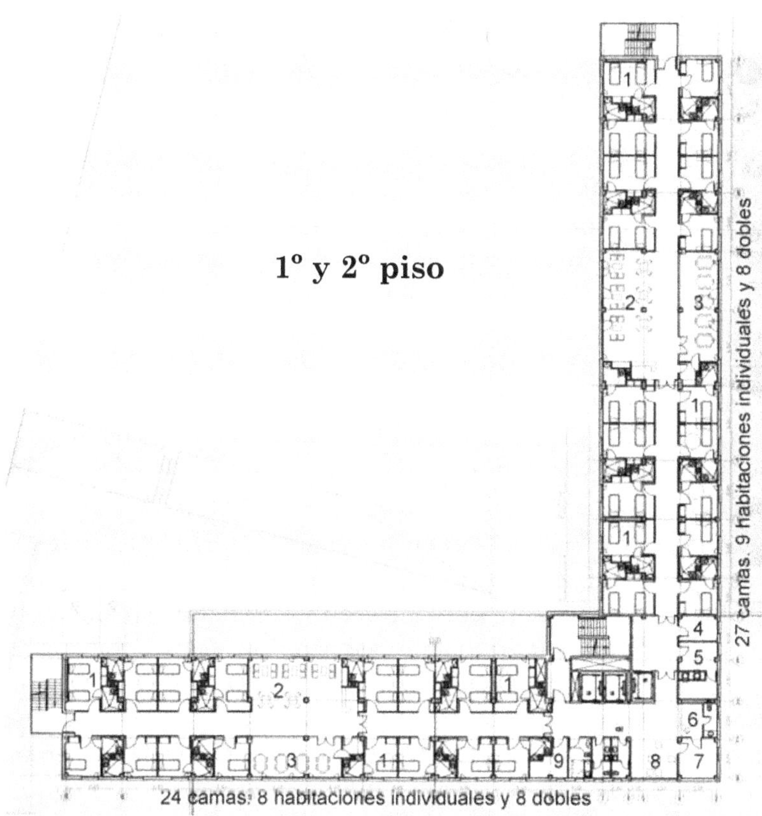

Centro Residencial con atención diurna de Tomelloso - 1º y 2º piso

Referencias - Planta Baja

1. Acceso. 2. Hall. 3. Administración. 4. Oficina de Trabajo Social. 5. Reuniones. 6. Dirección. 7. Farmacia. 8. Podólogo. 9. Consultorio. 10. Curaciones. 11. Trabajo Social. 12. Espera. 13. Terapia ocupacional. 14. Oficina T. O. 15. Biblioteca. 16. Rehabilitación. 17. Oratorio. 18. Psicoterapia. 19. Videoteca. 20. S.U.M. 21. Cafetería. 22. Cafetería. 23. Depósito. 24. Reunión familiar. 25. Peluquería. 26. Enfermería. 27. Personal. 28. Estar comedor del centro diurno. 29. Limpieza. 30. Guardaropa. 31. Comedor. 32. Habitaciones para Alzheimer. 33. Estar Alzheimer. 34. Comedor Alzheimer.

Referencias - 1º y 2º piso

1. Habitaciones. 2. Estar. 3. Comedor. 4. Ropería. 5. Office de limpieza. 6. Control. 7. Enfermería. 8. Hall. 9. Depósito.

Residencias de Larga Estadía para Adultos Mayores con Trastornos Cognitivos

La prolongación de la vida ha hecho que patologías que anteriormente no aparecían o aparecían poco y por ello no tenían repercusión en la salud pública, en la economía y en la vida familiar, hoy ocupen un lugar importante en el diseño de políticas sanitarias, económicas y sociales.

Entre estas patologías las demencias se encuentran en un lugar preponderante.

Las demencias más frecuentes, la enfermedad de Alzheimer y la demencia vascular, tienen un incremento exponencial con la edad, a partir de los 65 y hasta los 85 años.

Se ha observado que a partir de los 65 años, la tasa de prevalencia se duplica cada 5 años de edad. Al parecer, este incremento exponencial se desacelera e incluso se hace poco significativo a partir de los 85 a los 90 años; después de los 90 años es de poco interés asistencial, ya que son pocos aún, los individuos que sobrepasan esa edad.

En general no hay diferencia en cuanto a la incidencia por sexo en relación a las demencias: las tasas para la enfermedad de Alzheimer tienden a ser mayores para las mujeres, pero en la demencia vascular la incidencia es mayor en los hombres.

Se calcula que aproximadamente 2/3 de las demencias corresponden a la enfermedad de Alzheimer, 1/6 corresponden a demencias vasculares y 1/6 se reparte en partes similares entre demencia parkinsoniana, alcohólica y otras formas de demencia.

En la Argentina se estima en 400.000 las personas que padecen la enfermedad de Alzheimer, lo que representa aproximadamente el 8% de la población total de Adultos Mayores. Estas estimaciones tambien expresan que el 50% de los Adultos Mayores de 80 años y más tienen esta enfermedad.

La enfermedad de Alzheimer es una enfermedad neurodegenerativa y progresiva, que compromete al cerebro y que causa una disminución de la memoria hasta su pérdida total, alteraciones de la conducta y dificultades en el pensamiento, siendo incurable por ahora. A lo largo de la enfermedad se van presentando trastornos y pérdidas en los sentidos de la vista, el oido, el tacto, el gusto y el olfato. En su fase final, el enfermo es totalmente dependiente de sus cuidadores para las Actividades de la Vida Diaria. Todas estas situaciones de la evolución de la enfermedad, condicionan el diseño arquitectónico y el equipamiento.

Dada la alta incidencia que tiene esta enfermedad, hemos considerado conveniente desarrollar mas adelante, el programa arquitectónico para las residencias de larga estadía para Adultos Mayores que la padecen, considerando que este programa es válido para ser aplicado, con las adecuaciones que pudieran ser específicas para otros tipos de demencia.

Los costos que generan las demencias son muy altos y van a ir en aumento, acompañando el vertiginoso incremento de las mismas y las mayores edades alcanzadas por el envejecimiento poblacional. Este impacto lo soportan las familias, los sistemas de salud, la seguridad social y el Estado.

Ultimos estudios epidemiológicos, han señalado la asociación entre el daño cerebral producido por el traumatismo encefalocraneano, la carga genética y la enfermedad de Alzheimer. Esto es de singular importancia desde el punto de vista de la prevención, dado el aumento significativo de este traumatismo, producido por accidentes de los Adultos Mayores, tanto en sus hogares como en el medio urbano y en el transporte. Esto ratifica, entre otros motivos ya mencionados, la necesidad de eliminar todas las barreras arquitectónicas, urbanísticas, en el transporte y en la comunicación dado que ellas son causa de accidentes y caídas.

Las características de las demencias son:

- pérdida progresiva de la memoria;
- deterioro del razonamiento y de la capacidad de aprender;
- alto nivel de excitabilidad;

- perdida progresiva para el desarrollo de las Actividades de la Vida Diaria;
- aguda sensibilidad al medio social y al medio ambiente.

Mediante el buen diseño, nuevas tecnologías y la arquitectura, es posible ayudar a las personas con enfermedad de Alzheimer y a sus familiares y cuidadores (formales e informales). Existen evidencias de que muchos de los niveles de acción de las personas con demencias, están ligados al medio social y al entorno.

Es en estos dos medios, el social y el del entorno, en los que se deben introducir mejoras y diseños apropiados, a los efectos de compensar las pérdidas y deterioros que sufren los enfermos de demencias.

El diseño arquitectónico de las residencias de larga estadía para Adultos Mayores con demencias –y también los hogares de día para Adultos Mayores con estas patologías– es un diseño altamente especializado dadas las distintas características y evoluciones de las personas afectadas.

El diseño debe anticipar y evitar muchos problemas que tienen las personas enfermas, creando entornos calmos, estimulantes y seguros.

Los objetivos desde la arquitectura y el diseño son:

1º- obtener seguridad en los movimientos y funciones, facilitando el reconocimiento de los espacios donde se desenvuelve la vida cotidiana;

2º- sostener las rutinas de la vida diaria;

3º- reducir o eliminar situaciones confusas o que produzcan excitación;

4º- estimular los recuerdos, las capacidades remanentes físicas y cognitivas así como el mantenimiento durante el mayor tiempo posible, de la autonomía y la independencia.

El arquitecto Patrick Vellas en su artículo "Une architecture *prothetique* pour les personnes presentant des deficits cognitifs" expresa:

"...El dilema (de los servicios de larga estadía para personas con trastornos cognitivos) es lograr un entorno ordenado y estable sin que sea monótono ni impersonal, seguro pero no cerrado.
Su estrategia tiene como objetivo compensar en lo posible, con medidas tomadas en el entorno, los problemas de desorientación, pérdida de memoria, pérdida de capacidad a nivel social y deterioro de la autoestima, típicamente asociadas a esta población.
El Instituto Weiss del Centro Geriátrico de Filadelfia, fue creado en 1974, partiendo de la aplicación de principios sobre el comportamiento humano con el objetivo de mejorar las condiciones de vida de los adultos mayores que sufren déficits cognitivos... estableciéndose algunos postulados que conducen a la noción del entorno *protético.*
Ante la constatación de que si la mayoría de las personas pueden reaccionar positivamente a presiones ambientales variadas, en el caso de personas de baja capacidad, los límites de la adaptabilidad son mucho más restringidos.
En consecuencia, cuanto más afectada esta la persona, más sensible o vulnerable será a las deficiencias de su entorno, por ser ella menos adaptable.
Por un lado, cuanto más disminuye la capacidad de la persona, más afectada será por un entorno nocivo; por otro lado, se deduce que un arreglo ambiental adaptado puede producir una mejora considerable en el comportamiento de una persona cuyas capacidades están disminuidas.
El conjunto de estas intervenciones ambientales se llama *"protética"*: el entorno esta concebido en función de los olvidos intrínsecos de la persona, con el objeto de permitir una optimización de sus capacidades, utilizando medidas extrínsecas que son aplicadas de manera permanente y continua (por oposición a las intervenciones humanas puntuales), lo cual es menos oneroso en recursos humanos."
El arquitecto Uriel Cohen en su libro "Contemporary

Environments for People with Dementia", (The John Hopkins University Press, 1993) sostiene que los objetivos terapéuticos de las residencia de larga estadía para Adultos Mayores con demencia son:

- Proveer un estructurado medio ambiente terapéutico.
- Mejorar la autoestima de los residentes.
- Mejorar el funcionamiento sensorial.
- Aumentar la autonomía en las Actividades de la Vida Diaria.
- Mejorar el funcionamiento cognitivo y especialmente la orientación, producida por el recuerdo.
- Incrementar el uso significativo del tiempo.
- Aumentar la interacción social.

Programa arquitectónico para Residencias de Larga Estadía para Adultos Mayores con Enfermedad de Alzheimer

El programa y las funciones de los locales en general, son similares a las ya expresadas en el programa común para las residencias de larga estadía, por lo que no nos extenderemos nuevamente sobre ellas y solamente indicaremos aquellas que consideramos como específicas e importantes de tener en cuenta para este particular programa arquitectónico.

- Capacidad de la Residencia: la literatura internacional sobre este tema recomienda tener módulos residenciales de entre 12 y 20 residentes por módulo. Varios módulos pueden, llegado el caso, compartir servicios comunes.
- Área de actividades: esta es un área muy importante ya que en ella se realizarán las actividades de terapia ocupacional, taller de memoria y juegos colectivos. Pueden ser necesarias más de una (o hacer divisible un espacio único) para desarrollar actividades separadas para residentes con estadíos más avanzados de la enfermedad y que por

ello no puedan estar con los otros residentes.
- Pequeña sala para reuniones familiares.
- Consultorio médico y enfermería.
- Habitaciones: en general se recomienda que sean individuales, con baños accesibles, con lavatorio, inodoro y ducha. Para que los residentes puedan asociar sus necesidades fisiológicas con el artefacto que las satisface, se recomienda que el baño no tenga puerta (pero si una cortina), para que el inodoro pueda ser visto desde cualquier lugar de la habitación, incluso desde la cama.
En el pasillo o antecámara anterior al ingreso a las habitaciones, es conveniente colocar una vitrina con objetos personales significativos (fotos, adornos, etc.) para estimular a los residentes a poder asociar mentalmente e identificar ese lugar como el de acceso a su habitación.
- Baño asistido: es conveniente tener uno de ellos, cada no más de 20 residentes para aquellos que requieran asistencia para su higiene personal.
- Cocina: integrada al área de comedor y de actividades, puede ser útil para que los residentes que estén en condiciones, participen de tareas sencillas, como preparación de comidas y arreglos de las mesas. De escala hogareña y abierta hacia el comedor, ayuda como disparador de actividades culinarias y sociales, a la vez que los olores de la cocina, estimulan el apetito.
- Área de servicios para el personal de cuidadores: debe existir necesariamente un área para los cuidadores, donde puedan comer y descansar, con el fin de tener un respiro en medio de su estresante labor con los residentes.
- Parques, jardines y patios: tendrán todas las características expresadas anteriormente. Los senderos peatonales no deberán terminar contra paredes o cercos, pues su no continuidad suele producir confusión y excitación en los enfermos de Alzheimer, por lo que deberán comenzar y terminar en el mismo punto de partida a fin de

asegurar el retorno después de un paseo individual sin acompañante, evitando así la necesidad de una estricta supervisión. Los límites de estos espacios exteriores, deben asegurar un cierre total, sin poner en evidencia los elementos que lo constituyen, para lo que se debe contar con el apoyo de la arquitectura paisajística. Estos espacios deben poder ser observados, por razones de control, desde el interior de la residencia. Se considera muy favorable la existencia de un jardín terapéutico.

A continuación presentamos un ejemplo de este tipo de residencia.

"Corinne Dolan Alzheimer Center", Heather Hill, Cleveland, Ohio, Estados Unidos

Esta institución provee alojamiento y cuidados a enfermos de Alzheimer ambulatorios en los estadíos iniciales e intermedios. Puede alojar 23 residentes y recibir entre 6 a 10 enfermos que concurren al Hogar de Día.

Un equipo multidisciplinario (que incluía a un grupo de arquitectos) desarrolló el proyecto institucional, teniendo en cuenta no sólo la prestación de servicios residenciales sino que tambien focalizó las investigaciones sistemáticas y empíricas sobre la enfermedad, en sus aspectos conductuales y ambientales.

El criterio de diseño adoptado fue el de crear ámbitos con calidades espaciales que no dieran una imagen institucional de los mismos, procurando crear climas hogareños.

El edificio está proyectado como dos sectores triangulares iguales, con 12 habitaciones individuales cada uno, con baños privados. Estas habitaciones dan todas a un espacio central (sin pasillos ni corredores cerrados) lo que permite el control visual de todos los residentes desde un solo punto de observación; esta disposición permite su fácil control tanto dentro de sus habitaciones como cuando están en el comedor o en su deambulación por el perímetro de ese espacio central.

Entre los dos sectores triangulares se halla una zona de servicios y de baño asistido. Sobre esta zona, en un nivel elevado, se halla el centro de investigación con puestos de observación tanto sobre los espacios centrales como sobre el exterior, para realizar el seguimiento de los enfermos. Los servicios médicos y generales se encuentran separados en otro edificio, dentro del *campus* del complejo.

La institución favorece que los residentes lleven sus propios muebles para sus habitaciones, como medio de mantener la identidad y de estimular los recuerdos el mayor tiempo posible. Antes de ingresar a las habitaciones, se encuentran unas vitrinas empotradas en las paredes, con elementos personales (como fotos, objetos, etc.) de cada uno de los ocupantes, como forma de estimular el reconocimiento de sus propios dormitorios.

El espacio central –que antes comentáramos– de cada sector triangular es destinado al comedor (que es utilizado por los residentes y los concurrentes al hogar de día) y a una cocina de diseño hogareño, que por su forma permite la participación de los residentes y concurrentes en preparaciones sencillas, pero siempre ante la atenta mirada de los cuidadores.

En una de las uniones de los vértices de los dos sectores triangulares, y con una amplia vista hacia el exterior, se encuentra el área de estar, que puede ser compartida por ambos sectores. En los otros dos vértices extremos de los sectores triangulares, se encuentran las salas para las actividades interiores programadas.

Las puertas de salida al exterior (ubicadas en los dos vértices recién mencionados) estan controladas por siste-

mas electrónicos de cierre y apertura, para impedir salidas no programadas, que puedan poner en situaciones de peligro a los enfermos.
Los espacios exteriores tienen senderos orientados y accesibles (del comienzo al fin) para evitar situaciones de confusión y ansiedad. Un jardín terapéutico con plantas aromáticas, colabora en estimular y mantener las capacidades remanentes de algunos de los enfermos.
El proyecto fue realizado por el arquitecto Stephen Nemtin (Taliesin Associated Architects of the Frank Lloyd Wright Foundation, Scottsdale, Arizona) y la construcción se terminó en 1989.

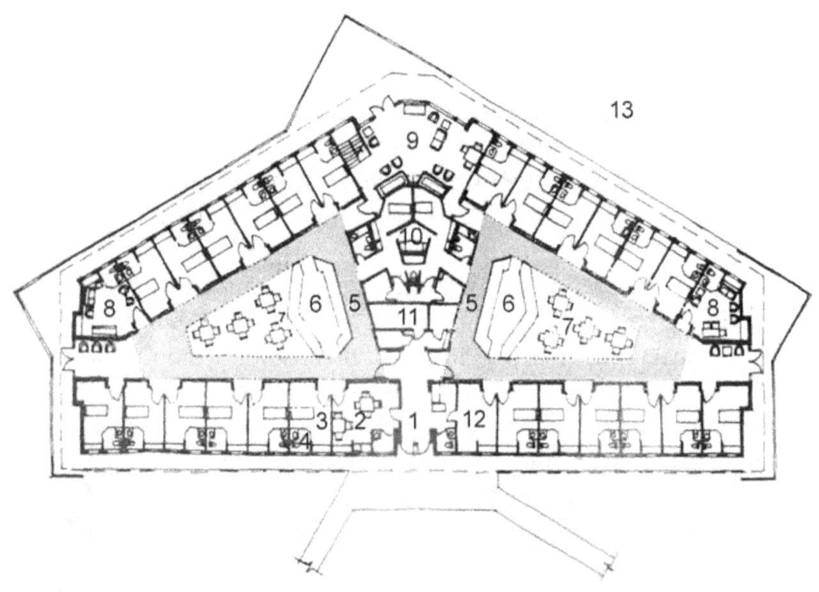

Corinne Dolan Alzheimer Center, Planta Baja.

1. Acceso recepción. 2. Terapia ocupacional del Centro Diurno. 3. Habitación tipo. 4. Baño. 5. Corredor integrado de deambulación. 6. Cocina - Centro de alimentación. 7. Comedor. 8. Sala de actividades grupales y actividades familiares. 9. Sala de estar. 10. Baños asistidos. 11. Área de servicios. 12. Oficina.

Área central de cada sector, que contiene el comedor y la cocina. Las barandas que separan esos lugares del corredor virtual para la deambulación, son removibles, para testear los efectos de distintos modelos.

Habitaciones: Los artefactos, especialmente el inodoro, son visibles desde distintos lugares, para permitir al ocupante, asociar sus necesidades fisiológicas con el artefacto que las satisfacen; sin puertas, pero con cortinas para mantener la privacidad.

Adaptaciones y precauciones en las viviendas de Adultos Mayores enfermos de Alzheimer

Muchos Adultos Mayores enfermos de Alzheimer siguen viviendo en sus hogares hasta avanzados estadíos de su enfermedad. Por ello es imprescindible realizar adecuaciones y tomar algunas medidas de precaución en los mismos, para asegurar que los enfermos puedan seguir desarrollando con la mayor autonomía posible las Actividades de la Vida Diaria, que no corran innecesarios peligros y facilitar al mismo tiempo la tarea de sus cuidadores, sean éstos, personas de la familia o no. Desde ya que se deben eliminar todas las barreras arquitectónicas que existan en esos hogares, procurando ir tomando las medidas que correspondan en función del desarrollo gradual de la enfermedad. Indicaremos a continuación algunas medidas que consideramos de vital importancia:

- Señalización por medios gráficos y luminosos para orientar al enfermo.
- Indicación gráfica de baños (sirve para que el enfermo asocie las necesidades fisiológicas con el espacio y el artefacto que las satisfacen).
- Es conveniente retirar el bidet a fin de aumentar la superficie de circulación y facilitar el uso de silla de ruedas y sillas de baño. Puede colocarse un duchador manual.
- Depósitos de elementos tóxicos y botiquines deben llevar cerradura.
- Cajones de roperos y placares con contenidos visibles y/o identificados: se recomiendan cajones de rejilla o con frente vidriado, ordenando la ropa según la secuencia en que debe ponerse.
- Cerraduras especiales en puertas y lugares de guardado.
- Luces vigías sobre zócalos en dormitorios y pasillos y tiras fluorescentes en pisos y escaleras para indicar el

camino al baño, a fin de que lo encuentren facilmente, ante una urgencia fisiológica nocturna.

- Cerrar con llave la cocina y la heladera, ya que se pueden producir ingestas no convenientes y otros accidentes.
- Cocinas y estufas fuera del alcance, con interruptores especiales.
- Rejas en accesos a escaleras.
- Cerraduras con código numérico en los medios de salida y aberturas exteriores.
- Protección de radiadores, cañerías y conexiones de agua caliente, ya que muchos de los enfermos de Alzheimer pierden la sensibilidad epitelial así como la conciencia del peligro de quemaduras.

Capítulo 7

Acciones para la Vivienda y las Residencias de Larga Estadía en la Argentina

Programas desarrollados a través de Institutos Provinciales de Vivienda y Municipios

El déficit habitacional en nuestro país es de tipo cualitativo por las bajas condiciones de habitabilidad por obsolescencia y falta de mantenimiento de las viviendas. Con relación a las viviendas de los Adultos Mayores de nuestro país ya nos hemos referido a su situación en el Capítulo 5: la inmensa mayoría de ellas son obsoletas, en mal estado de conservación y ademas no son accesibles.
En julio de 2004 surgió el Plan Federal de Construcción de Viviendas (Ministerio de Planificación Federal, Inversión Pública y Servicios) y es el programa que construye la mayor cantidad de viviendas del país, apuntando a reducir el déficit habitacional, promoviendo la inclusión social, como una fuente de transferencia en favor de la población de escasos recursos, generando una mayor equidad social.
Fondos del Tesoro Nacional se dirigen a las provincias y municipios a través de varios subprogramas, que se ejecutan en algunos casos a través de los Institutos Provinciales de Vivienda y en otros casos por intermedio de los municipios.
Entre los objetivos de algunos subprogramas se hallan *"el mejorar las condiciones del hábitat de los grupos poblacionales vulnerables, que se encuentran en situaciones de marginalidad, riesgo o emergencia, en áreas rurales y urbanas de pequeña y mediana escala, y facilitar el acceso a una vivienda*

básica o el completamiento de las viviendas recuperables".
Entre las viviendas construidas bajo estos programas y subprogramas se han desarrollado viviendas para Adultos Mayores y también para personas con discapacidad. El otorgamiento de las viviendas, en el caso de estos últimos, se efectúa según un cupo establecido, mientras que en el caso de los Adultos Mayores, muchas veces, son considerados como "otros nuevos residentes", dentro de un conjunto no diferenciado por edades. En otros casos, las otorgaciones a los Adultos Mayores dependen del avance de las listas de espera, producidas por acuerdos con el Instituto Nacional de Servicios Sociales para Jubilados y Pensionados.

En muchas de estas obras (algunas realizadas y otras en proyecto) se puede verificar la incorporación de las normas de accesibilidad al medio físico, que figuran en las Directrices de Accesibilidad, emanadas del Ministerio de Planificación Federal.

En muchas normativas (y según un cupo) existe desde hace varios años en nuestro país, el criterio de hacer viviendas (a veces accesibles) para Adultos Mayores, en las plantas bajas de los conjuntos habitacionales de interés social.

Esto carece de sentido dado el aumento del envejecimiento poblacional (y especialmente el que se avisora de los Adultos Mayores de 80 años y más) y las consecuencias bío-psico-sociales del mismo.

Las personas que hoy no son aún Adultos Mayores, lo serán en los próximos años y necesitarán que sus viviendas sean accesibles, independientemente de que estas estén en planta baja o en pisos altos.

No podemos pensar en trasladar a un Adulto Mayor desde su departamento en altura (porque no es accesible), a una unidad desocupada en planta baja –supuestamente accesible– sin generar conflictos relacionados con el desarraigo, máxime si debe el Adulto Mayor mudarse de edificio o, peor aún, cambiar de vecindario.

Por esto, para evitar muy próximos problemas futuros, de ahora en más, todas las viviendas que se construyan deberían ser proyectadas y construidas con accesibilidad.
Se presenta a continuación, como ejemplo, un listado de la situación en algunas provincias de nuestro país:

Ciudad Autónoma de Buenos Aires: No se ha desarrollado ningún programa especial para viviendas de Adultos Mayores.

Provincia de Buenos Aires: A través del Instituto de Vivienda se han realizado varios conjuntos que otorgan viviendas en comodato a los Adultos Mayores sin vivienda, en un programa denominado “Abuelos”.
Los municipios tienen la facultad de otorgar viviendas de esa forma, sin intervención directa del Instituto.
En la ciudad de Tapalqué está en ejecución un conjunto de viviendas para Adultos Mayores que detallaremos mas adelante.

Provincia de Santa Fe: A través de la Dirección Provincial de Vivienda y Urbanismo, de cada 40 viviendas que se construyen, se destinan 1 ó 2 para Adultos Mayores (lo que indica que aplican un cupo de entre el 2,5 y el 5% del total).

Provincia de Entre Ríos: El Instituto Autárquico de Planeamiento y Vivienda entrega las viviendas solamente en comodato. Carecemos de información sobre criterios para el otorgamiento y características de las unidades.

Provincia de Corrientes: El Instituto de Vivienda hace adaptaciones sobre demandas puntuales.

Provincia del Chaco: El Instituto Provincial de Desarrollo Urbano y Vivienda, construye viviendas para Adultos Mayores según demanda registrada.

Provincia de Salta: Por medio del Instituto Provincial de la Vivienda, se han desarrollado viviendas denominadas

"Tuteladas" por haber sido insertadas en barrios ya existentes o en construcción. Son administradas a través de organizaciones no gubernamentales.

Viviendas tuteladas de Chubut

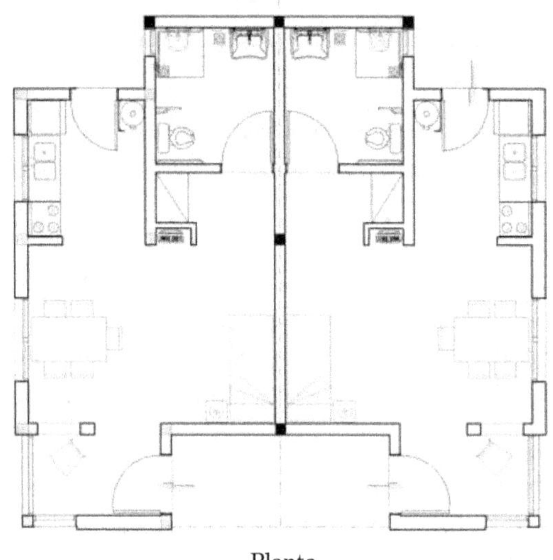

Planta

Vista

Provincia de La Rioja: No hay desarrollos para Adultos Mayores. Se han construido viviendas para personas con discapacidad según un sistema de cupos.

Provincia de La Pampa: Se desarrolla un programa denominado “El abuelo en casa”, que consiste en agregar una habitación (con baño accesible) a la casa de los hijos del Adulto Mayor. Los municipios proveen los materiales y la familia aporta la mano de obra.

Provincia de Chubut: A través del Instituto Provincial de Vivienda y Desarrollo Urbano, se desarrolla un programa para construir 86 viviendas “Tuteladas” en comunas rurales y localidades de baja densidad, para Adultos Mayores autoválidos. Son pequeñas unidades de alojamiento de entre 42 y 43 m^2, ubicadas en centros de servicios sociales, hogares de ancianos y hospitales los cuales estarán a cargo de la tutela. Son unidades de monoambientes apareadas, con cocinas y baños accesibles.
Los espacios exteriores están proyectados para usos recreativos, promoviendo la integración social.

Viviendas protegidas en la Ciudad de Tapalqué, Provincia de Buenos Aires

Desde comienzos del 2004 se desarrolla un proyecto de viviendas protegidas para Adultos Mayores de origen rural y urbano.
Sobre un terreno de 3,5 Has, parquizado y equipado para turismo, se construye un conjunto de viviendas para 105 Adultos Mayores con el siguiente programa:

- 20 viviendas de 2 ambientes para autoválidos, compuestas por una galería semicubierta, un estar-comedor con cocina integrada, un dormitorio, un baño accesible, un lavadero y un patio para desarrollar actividades de jardinería.

- 6 viviendas apareadas para semidependientes, compuestas cada una de 3 habitaciones (con una cama por habitación) con baño compartido, un amplio estar-comedor y una galería.
- 35 habitaciones privadas para dependientes, con un baño compartido cada 3 residentes. Las habitaciones están conectadas entre sí por circulaciones cubiertas y cuentan con un área de enfermería.
- Un salón de usos múltiples, un espacio de recepción, un área administrativa, oficina de dirección, una enfermería, un estar para el personal, una sala para rehabilitación y gimnasia, cocina con depósito, un lavadero, sanitarios para ambos sexos, un depósito general y sala de máquinas.

Las cuatro áreas se hallan vinculadas entre sí, y con el acceso, mediante circulaciones semicubiertas.
Este desarrollo, a punto de concluirse, fue realizado por la Lic. en psicología Laura Bottini y el ingeniero Pablo Saint Martin.
A continuación presentamos un ejemplo de este tipo de viviendas.

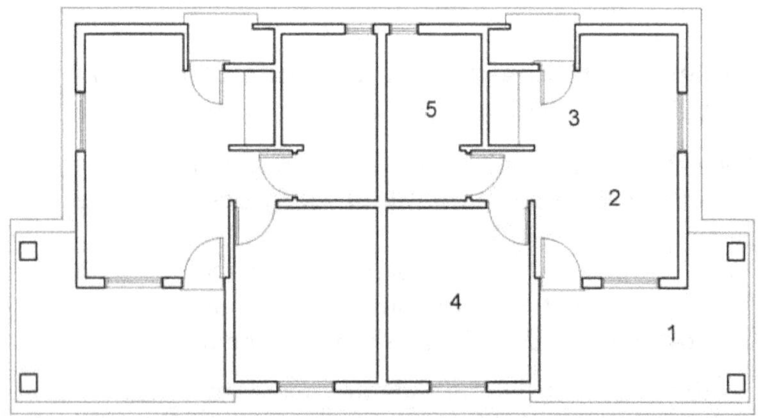

Planta de viviendas protegidas en Tapalqué,
Provincia de Buenos Aires, Argentina.
1. Galería. 2. Estar comedor. 3. Cocina. 4. Dormitorio. 5. Baño.

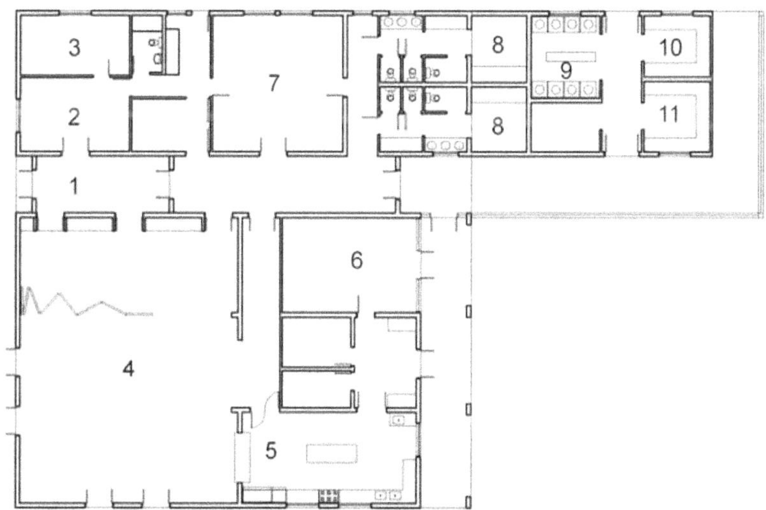

Sector de Servicios para viviendas protegidas en Tapalqué, Provincia de Buenos Aires, Argentina.

1. Acceso principal. 2. Administración. 3. Dirección. 4. Comedor y salón de usos múltiples. 5. Cocina. 6. Depósito de alimentos. 7. Sala de rehabilitación. 8. Baños. 9. Lavadero. 10. Planchado. 11. Ropería.

Programas desarrollados por el Instituto Nacional de Servicios Sociales para Jubilados y Pensionados

A partir de fines de la década del 70, el Instituto Nacional de Servicios Sociales para Jubilados y Pensionados (INSSJP), mas conocido como PAMI (Programa de Asistencia Médica Integral) implementó en todo el país una política denominada "Operativo Vivienda".

Este programa consistía en la adquisición por parte del Instituto de las viviendas que alquilaban los Adultos Mayores beneficiarios del Instituto o las que ellos manifestaban su intención de habitar. Después de una tasación evaluadora y si la compra era aprobada, el nuevo titular del dominio constituía una hipoteca a favor del Instituto.

Antes de la entrega de las viviendas, el Instituto se hacía cargo de las reparaciones que hiciesen falta, basándose en el respeto por el nuevo titular, especialmente en aquellos casos de tener éste un fuerte arraigo con su vivienda.
Los estudios previos a la compra eran desarrollados por un equipo interdisciplinario compuesto por arquitectos, trabajadores sociales, abogados, escribanos y tasadores evaluadores.
Este programa se desarrolló hasta fines de 1984.
Posteriormente a partir de 1988 se inició un programa de construcción de pequeños barrios de viviendas (que eran dadas en comodato) sin infraestructuras de servicios comerciales ni de salud. Estaban localizados en las provincias de Buenos Aires y de Misiones.
Los de la provincia de Buenos Aires estan localizados en: Bosques, Fiorito, LLavallol, Temperley, Quilmes, San Miguel, San Martín, Merlo, Moreno, Los Polvorines, Boulogne, Chascomus y La Plata.
Los de la provincia de Misiones están localizados en Posadas y El Dorado.
Las viviendas son de 1, 2 (la mayoría) y 3 ambientes.
Debido a sus características de diseño (por ejemplo, pocas tenían baños accesibles) y de construcción, desde que comenzaron a ser ocupadas, el Instituto ha tenido que ir resolviendo permanentemente problemas de accesibilidad y de habitabilidad.
Los sistemas constructivos utilizados fueron: a) tradicional racionalizado; b) industrializado (prefabricación liviana) y c) sistemas mixtos.
Al comienzo del programa estos pequeños conjuntos estaban en zonas no muy pobladas y de bajos recursos económicos. Con el pasar de los años se fue poniendo en evidencia que estos barrios estaban convirtiéndose en "ghettos" de Adultos Mayores, a la vez que por razones de seguridad tuvieron que cercarse sus perímetros. Asimismo dadas las situaciones económicas, de desempleo y pérdida de vivienda, a muchos

de estos hogares se acoplaron otros grupos de familiares y/o allegados (mas jóvenes o no) generando situaciones de hacinamiento, abuso, violencia y maltrato, que atentan contra la calidad de vida de los Adultos Mayores.

Ejemplos de Residencias de Larga Estadía en la Argentina

Complejo de Residencias de Larga Estadía Hogares "General Martín Rodríguez" y "Gobernador Viamonte"

Este complejo pertenece al Gobierno de la Ciudad Autónoma de Buenos Aires y está destinado a alojar Adultos Mayores de dicha ciudad. Se halla ubicado en la localidad de Ituzaingo, Provincia de Buenos Aires sobre un predio de 18 hectáreas, que se halla muy arbolado.

Hogar "General Martín Rodríguez"

Los edificios que lo componen fueron inagurados en 1927 y estaban destinados a ser el primer hospital para enfermos crónicos de América Latina. En 1958 se transformó en hospital de geriatría, contando con todos los servicios necesarios, llegando a tener 1.500 camas. En 1977 se convirtió en Residencia para Adultos Mayores, siendo su capacidad total para 907 residentes, con una ocupación actual de 554 camas. Esta Residencia tiene una superficie construida total de 25.127 m^2 en 16 pabellones, dispuestos en forma de peine (según el antiguo modelo francés para hospitales) todos en una sola planta.
Los pabellones están unidos entre sí por galerías cubiertas, algunas de las cuales tienen cerramientos laterales vidriados, sirviendo como salas de estar y solarios protegidos de las inclemencias del tiempo.

Cada pabellón cuenta con un núcleo central en el que se hallan la sala de estar-comedor, los consultorios y los servicios. La mayoría de estos pabellones alojan los dormitorios de los residentes, que son para hasta un máximo de 3 personas.
El área administrativa se encuentra en un edificio de dos plantas, por el que se accede a las galerías que conectan los distintos pabellones de residencia y servicios. La cocina está en uno de ellos y la comida es transportada a cada uno de los pabellones mediante carros térmicos. En otros pabellones están los locales para: la terapia ocupacional, los servicios de kinesiología, el laboratorio de análisis clínicos, los consultorios odontológicos, la farmacia, la peluquería y la lavandería.
Aunque de antigua construcción (hay algunos pabellones que no se utilizan) esta Residencia, implantada sobre espaciosas áreas verdes, tiene un *clima* hogareño, aún con lo masivo de sus servicios.

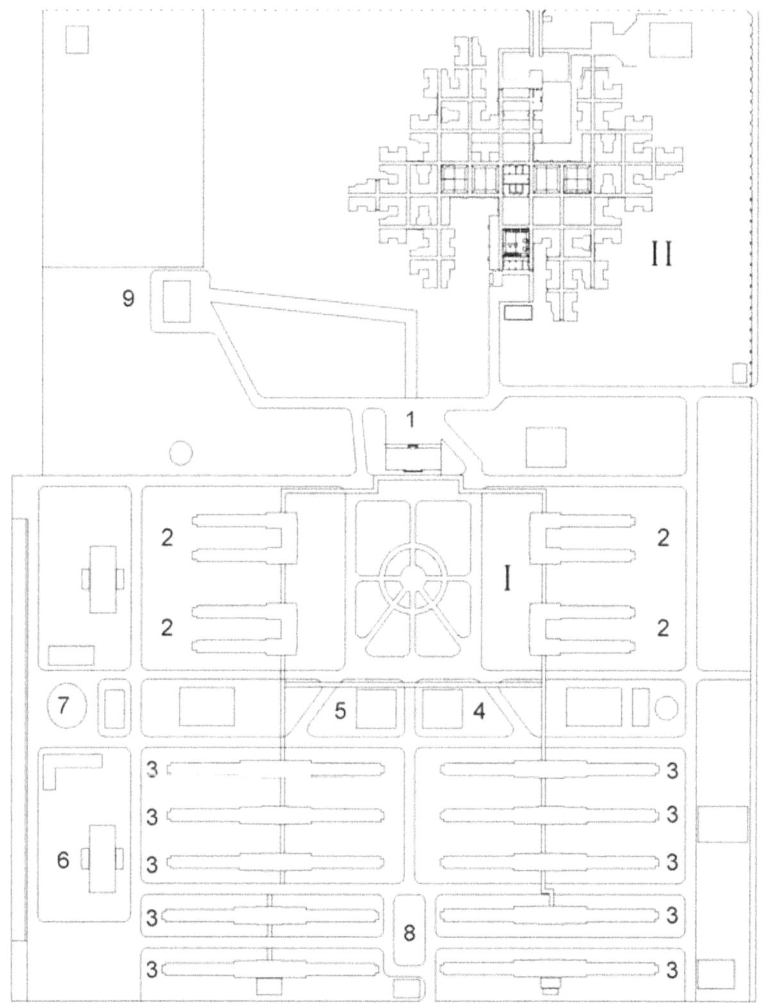

Planta general de conjunto

I. Hogar "General Martin Rodriguez"
II. Hogar "Gobernador Viamonte"
1. Administración. 2. Residencias tipo A. 3. Residencias tipo B.
4. Laborterapia. 5. Farmacia y Laboratorio. 6. Kinesiología.
7. Microcine. 8. Capilla. 9. Vivienda para matrimonios.

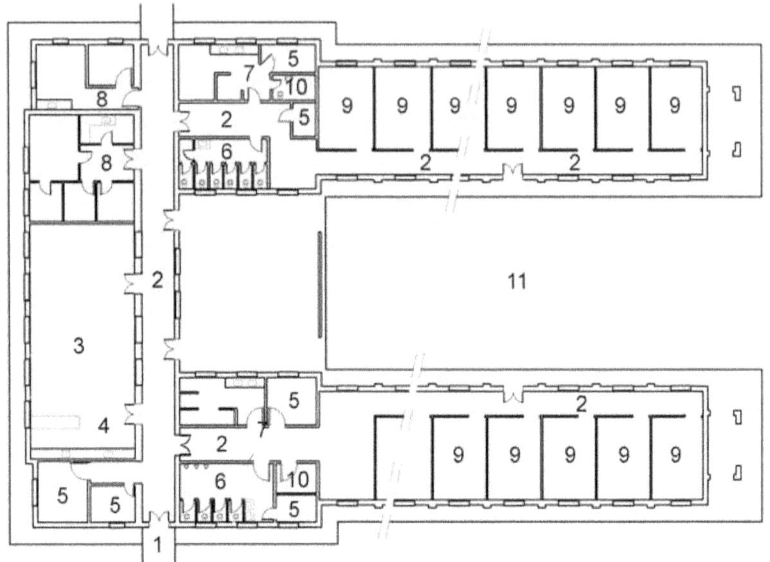

Hogar General Martin Rodriguez - Planta residencia tipo A

1. Accesos desde galerías cubiertas. 2.Circulación. 3. Estar Comedor. 4. Office de cocina. 5. Depósitos. 6. Sanitarios. 7. Duchas. 8. Consultorios. 9. Habitaciones. 10. Sanitarios de personal. 11. Patio.

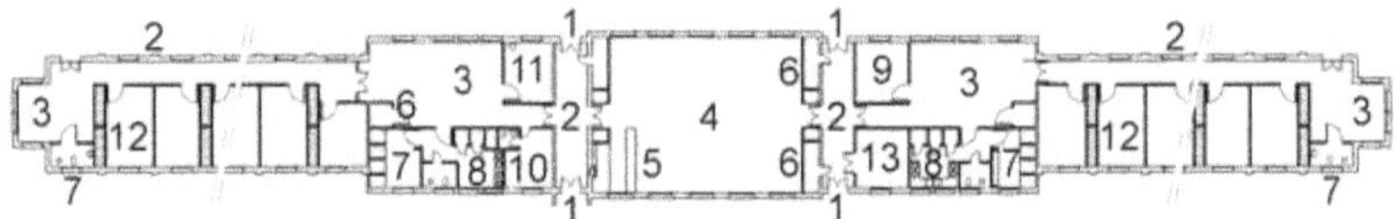

Hogar General Martin Rodriguez - Planta residencia tipo B

1. Acceso. 2. Circulación. 3. Estar. 4. Comedor. 5. Office de cocina. 6. Depósitos. 7. Sanitarios. 8. Duchas. 9. Consultorios. 10. Enfermería. 11. Baño asistido. 12. Habitaciones. 13. Sala de máquinas.

Hogar "Gobernador Viamonte"

Estaba originalmente ubicado en el tradicional barrio de Recoleta (cerca del centro de la Ciudad Autónoma de Buenos Aires) y al transformarse sus instalaciones hacia

fines de la década de los 70 para instalar un Centro Cultural, se decidió construir este Hogar, dentro del predio donde ya estaba el Hogar "General Martín Rodríguez".
Despues de terminada la obra, estuvo varios años cerrado; le fue ofrecido al Instituto Nacional de Servicios Sociales para Jubilados y Pensionados (INSSJP) que no lo aceptó y terminó siendo inagurado por distintos y sucesivos intendentes y jefes de Gobierno de la Ciudad Autónoma de Buenos Aires. Finalmente fue abierto para alojar a Adultos Mayores en el año 2001, teniendo una capacidad total para 574 residentes, con una ocupación actual de 519 camas.
Está construido sobre 2,4 hectareas y tiene una superficie total de 11.900 m^2. Las habitaciones ocupan unos 5.900 m^2, los patios interiores 1.400 m^2 y las áreas de servicios cuentan con 3.000 m^2.
El proyecto está construido como un bloque único de una sola planta.
Las habitaciones se agrupan en células de dormitorios (que se abren a patios interiores) para 3 camas cada uno, con servicios sanitarios no accesibles cada 2 habitaciones. Hay tambien baterías de baños accesibles
Las células están agrupadas según ejes ortogonales de circulaciones internas y cubiertas, formando una trama de largos recorridos lineales, que no tienen clara identidad espacial y que producen sensaciones no convenientes de desorientación.
Dos grandes áreas están destinados a comedores, muy masivos y sin privacidad (la que podría lograrse con tabiques móviles, maceteros, etc.).
Los equipamientos generales de las habitaciones, cocina y depósitos anexos, cámara frigorífica, depósitos generales, offices de enfermería, lavadero, sala de calderas, etc. son de muy buena calidad.

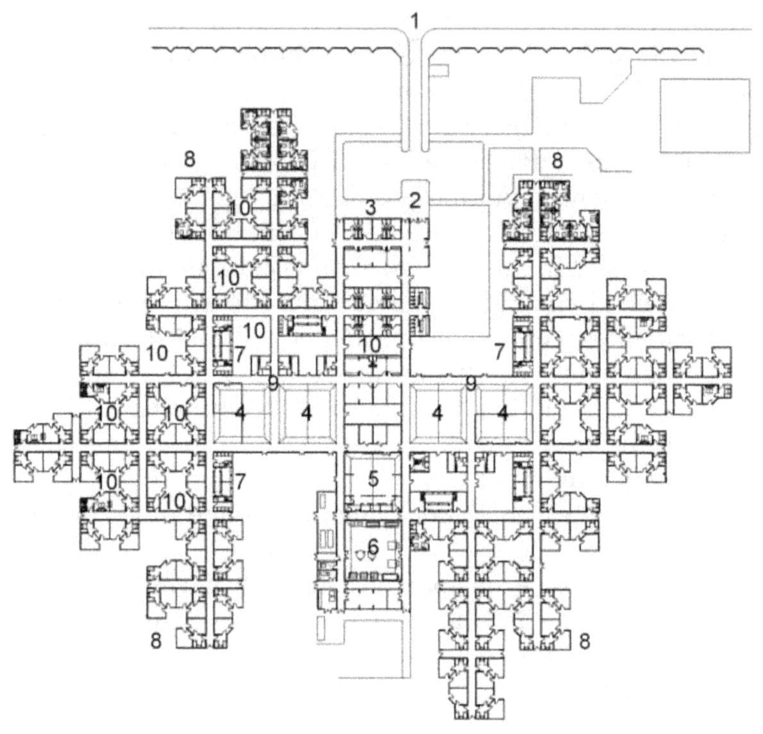

Planta general del Hogar "Gobernador Viamonte"

1. Entrada principal.
2. Acceso.
3. Oficinas.
4. Estar Comedor.
5. Cocina.
6. Lavadero.
7. Enfermerías centrales.
8. Módulo de habitaciones.
9. Circulación.
10. Patios.

Módulo de habitaciones Hogar "Gobernador Viamonte"

1. Habitación para matrimonios.
2. Habitación triple.
3. Sanitarios.
4. Circulación.
5. Patio

Hogar "San José", Villa Maipú, Provincia de Buenos Aires

Este hogar depende del Ministerio de Desarrollo Social de la Nación (Secretaría Nacional de la Niñez, Adolescencia y Familia). Este Hogar inicialmente fue construido hacia 1947 como Hogar para no videntes. Hacia 1986 se incorporaron como residentes a personas con discapacidad. Con los nuevos paradigmas, enfocados hacia los Derechos Humanos, en 2004, se produce una refuncionalización edilicia muy importante.
La planta de este Hogar está compuesta de 5 sectores:

- Sector Central: Hall de acceso principal, dirección y oficinas administrativas, salón de usos múltiples y capilla, dos comedores, cocina, lavadero, depósitos y vestuarios de personal. También en este sector están la sala de juegos, el economato, talleres y museo.
- Sectores 1 y 3: para residentes dependientes, constan de habitaciones para 3 y 4 camas con baterías exteriores de baños accesibles. En el sector 1 se encuentran: consultorio médico, enfermería, peluquería, kinesiología, ropería y sala de máquinas. En el sector 3 están (además de un consultorio médico y la enfermería) la oficina del Servicio Social, la ropería y una sala de máquinas.
- Sectores 2 y 4: para residentes autoválidos, constan de habitaciones para 3 camas (todas con baños privados accesibles) y una sala de máquinas por sector. El acceso a las habitaciones se produce a través de un largo pasillo, con ventanas que dan al exterior.

Existe tambien una planta alta, a la que se accede desde el hall principal (Sector Central) en la cual se encuentran un aula, la sala de coordinación de enfermería y la farmacia.

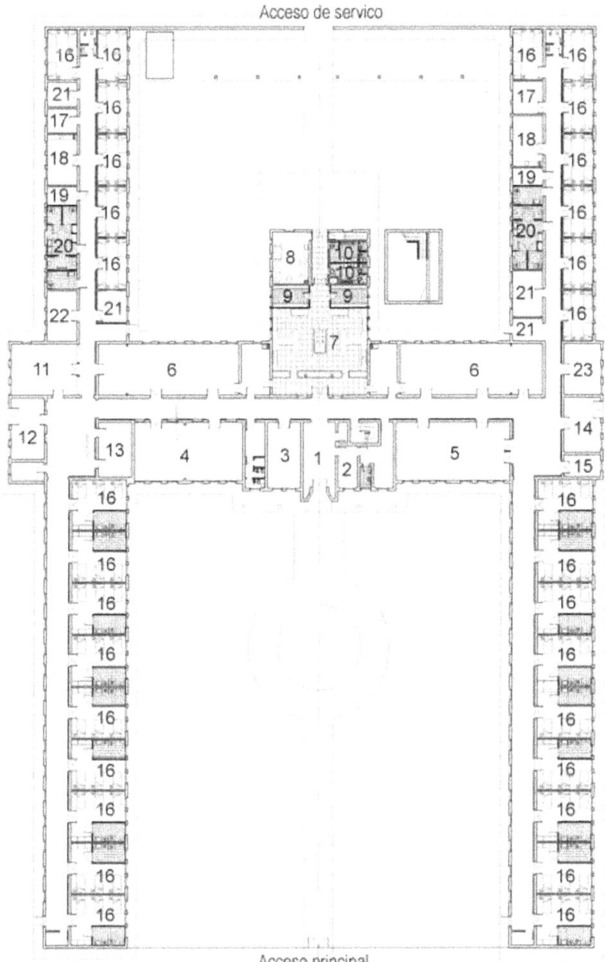

Planta general del Hogar San José

1. Hall de acceso principal. 2. Dirección. 3. Administración. 4. Salón de usos múltiples. 5. Capilla. 6. Comedores. 7. Cocina. 8. Lavadero. 9. Depósitos de alimentos. 10. Vestuarios de personal. 11. Sala de juegos. 12. Hall de acceso secundario. 13. Economato. 14. Talleres. 15. Museo. 16. Habitaciones. 17. Consultorios médicos. 18. Enfermería. 19. Sala de máquinas. 20. Sanitarios. 21. Roperías. 22. Servicio Social. 23. Kinesiología.

Capítulo 8

Ayudas Técnicas y Modernas Tecnologías para los Adultos Mayores

"Las ayudas técnicas se definen como todo objeto, equipo o conjunto de productos que ayudan a personas con disminución en sus capacidades funcionales para aumentarlas o mejorarlas. Estas ayudas pueden permitir a una persona con discapacidad, desempeñarse de manera mas independiente, ganando así autoestima y una mayor aceptación en la sociedad". (IAHSA, International Association of Homes and Services for the Ageing, Boletin Alliance, Vol. 9 Nº 4, octubre-diciembre 2002).

Las ayudas técnicas no son exclusivamente para las personas con discapacidad, sino que sirven tambien, muchas de ellas, como elementos de prevención y disminución de factores de riesgo para mejorar la calidad de vida de los Adultos Mayores.

Ademas, desde las modernas políticas de economía de la salud se ha advertido que las ayudas técnicas, extendidas a todas aquellas personas que las necesitan, tienen el potencial de reducir los altos costos en personal para ayuda personalizada y de cuidados intensivos. Esto tiene que ver con los cambios socioculturales que han llevado a la reducción del número de integrantes de los grupos familiares y al aumento del trabajo femenino fuera del hogar asi como al creciente número de Adultos Mayores, que desean seguir viviendo en sus hogares y en su comunidad.

Las ayudas técnicas son un número muy elevado (que el lector interesado podrá consultar por Internet y en nuestro país en el Instituto Nacional de Tecnología Industrial –INTI–) y que van desde un barral para baño, un simple bastón, una silla de ruedas, un andador o un cubierto con diseño ergonómico hasta una máquina de leer para ciegos, un sistema de comunicación con simulador de voz o controles remotos –vía Internet– de temperatura, iluminación, sensores de alarma, etc.

La Tecnología Moderna y los Adultos Mayores

La tecnología moderna –y especialmente lo que denominamos las *nuevas tecnologías*– puede favorecer la autonomía, reducir la dependencia y mejorar la calidad de vida de los Adultos Mayores, permitiéndoles realizar con comodidad y seguridad acciones de la vida diaria.

El uso de estas nuevas tecnologías sirve para prevenir, compensar o retrasar el decaimiento funcional y la discapacidad que se puedan producir en el proceso de la vejez, permitiendo en la medida de lo posible, prolongar la permanencia de los Adultos Mayores en sus hogares.

La tecnología moderna puesta al servicio de los Adultos Mayores está presente a través de elementos (artefactos e instrumentos) y de sistemas de electrónica, informática y robótica, con diseños ergonómicos, que ofrecen fáciles formas de utilización y de operación con clara legibilidad de teclas y botones con tamaños adecuados.

Las Nuevas Tecnologías

Hoy existen modernas tecnologías que permiten nuevas y más eficientes formas de comunicación con familiares, amigos y servicios necesarios o de urgencia. La teleasistencia, los movimientos de personas, apertura y cierre de puertas y ventanas, subir y bajar cortinas de enrollar, el control de la temperatura y de la iluminación mediante comandos manuales y controles remotos, sistemas de detección y alarma a través de sensores y sistemas de alerta ante situaciones de riesgo, etc. son especialmente beneficiosas para aquellos Adultos Mayores que viven solos o que pasan largas horas del día en sus viviendas, sin compañia familiar o de amigos, y que tampoco cuentan con cuidadores domiciliarios. También estas nuevas tecnologías pueden ser aplicadas para los residentes en las viviendas protegidas, viviendas asistidas y residencias de larga estadía.

La Domótica

Entre las nuevas tecnologías es muy importante la Domótica.

El Pequeño Larousse Ilustrado contiene la siguiente definición para *domótica:*

"conjunto de técnicas y de estudios tendientes a integrar al hábitat todos los automatismos en materia de seguridad, de manejo de la energía, de las comunicaciones, etc."

El neologismo Domótica surge como la contracción de *"domus"* (del latín, casa) y del sufijo *"tica"* presente en las palabras informática, robótica y telemática.

Historicamente, hacia comienzos de la década de los 80 se usaba la expresión de orígen inglés "vivienda inteligente" *(smart house)* y a partir de 1986 se empezó a usar la expresión de origen francés "domótica" *(domotique).*

Es común hablar de "edificios inteligentes", aplicándolo a edificios para oficinas, para la educación, la salud, la industria, etc. Pero este término está aceptado para ser aplicado a edificios de vivienda o simplemente a hogares particulares. Por ello es válido decir "vivienda o edificio domótico" o "vivienda o edificio inteligente".

Estas nuevas tecnologías, aplicadas a la vivienda, conforman lo que se llama actualmente *"las viviendas inteligentes".*

Mariano Rubinstein (Tecknohomes - Argentina) dice que éstas son "aquellas casas que cuentan con el control automático de las funciones. Esto permite agregar un plus de comodidad, seguridad y control. Además, brindan la posibilidad de administrar y racionalizar el uso de la energía. Un cerebro o equipo central maneja y coordina las distintas tareas necesarias para los Adultos Mayores. Puede repetir ciertas órdenes o activarse en respuesta a situaciones particulares. Además se puede chequear a distancia el funcionamiento de la casa y reprogramar acciones."

La domótica es la parte de la tecnología (electrónica, informática y robótica) que integra el control y supervisión de los elementos existentes en cualquier tipo de construcción para la vivienda y otros usos humanos.

Mireille Fillion, directora general de planificación y de la investigación de la Société d'Habitation du Québec, Canadá, dice en el prólogo de "La Domotique" del sociólogo Pierre Girardin (Société d'Habitation du Québec, Publications du Québec, Canadá, 1994): "El autor demuestra que la domótica ofrece las ventajas de una gestión más eficaz de muchos elementos de la vivienda, del hábitat y de la energía que se consume en ellos. La domótica permite, entre otras cosas, el acomodar el espacio ofreciendo una asistencia automatizada a las personas cuya autonomía está disminuida o decreciente. En este sentido, ella podrá transformarse en un elemento que favorezca la permanencia de esas personas en sus viviendas el mayor tiempo posible."

Pierre Girardin sostiene en el libro mencionado que: "La introducción de la domótica en el medio doméstico ofrece efectivamente la posibilidad, para el habitante, de una intervención a distancia, sea a través del espacio (telecomando), sea a través del tiempo, para decirlo de una manera diferente, gracias a la preprogramación de una acción, que puede entonces desarrollarse en otro momento sin necesitar de nuestra presencia."

El ingeniero español en telecomunicaciones José Manuel Huidobro Moya (en www.monografias.com/trabajos14/domótica/domótica.shtml) dice que: "El uso de las TIC (Tecnologías de la Información y las Comunicaciones) genera nuevas aplicaciones y tendencias basadas en la capacidad de proceso de información y en la integración y comunicación entre los equipos e instalaciones.
Así concebida, una vivienda inteligente puede ofrecer una amplia gama de aplicaciones en áreas tales como:

- Seguridad.
- Gestión de la energía.
- Automatización de tareas domésticas.
- Formación, cultura y entretenimiento.
- Monitorización de salud.
- Comunicación con servidores externos.
- Ocio y entretenimiento.
- Operación y mantenimiento de las instalaciones, etc.

De una manera general, un sistema domótico dispondrá de una red de comunicación que permite la interconexión de una serie de equipos a fin de obtener información sobre el entorno doméstico y, basándose en ésta, realizar unas determinadas acciones sobre dicho entorno.
Los elementos de campo (detectores, sensores, captadores, actuadores, etc.) transmitirán las señales a una unidad central inteligente que tratará y elaborará la información recibida. En función de dicha información y de una determinada programación, la unidad central actuará sobre determinados circuitos de potencia, relacionados con las señales recogidas por los elementos de campo correspondientes.
En este sentido, una vivienda domótica se puede definir como: "aquella vivienda en la que existen agrupaciones automatizadas de equipos, normalmente asociados por funciones, que disponen de la capacidad de comunicarse interactivamente entre sí y de un *bus* doméstico multimedia que las integra".

BUS: en informática se refiere a "modo de transporte de información".
Tambien se refiere a un camino eléctrico, a lo largo del cual, la información circula entre diferentes partes de un sistema de computación.
Pierre Girardin, en su libro citado, dice que el bus de la comunicación se compone de la combinación de dos elementos importantes:

> "1.- Un protocolo de comunicación... que permita a los diferentes dispositivos y aparatos comunicarse entre ellos y con un controlador central (en el caso de un sistema centralizado).
> 2.- Un medio (un canal de circulación de los intercambios de información) es decir, un recurso físico cualquiera que encamine los mensajes de simple ida o de ida y vuelta. Estos medios pueden ser los cableados telefónicos, de video o eléctricos, la fibra óptica, las ondas de radios o los rayos infrarrojos."

Los sistemas domóticos pueden ser programados manualmente o por computadora. Pueden ser por medios cableados o sin cablear.
La domótica permite la detección de presencia y rotura de vidrios; la detección de vientos con cierre de persianas y toldos; simulación de presencia ante intrusos; la automatización de las bombas de piletas de natación y de riego.
La domótica permite mediante el control remoto desde el interior de la vivienda, por ejemplo, reducir la necesidad de moverse o de hacer esfuerzos físicos que algunos Adultos Mayores no pueden realizar. También posibilita el control remoto, desde el exterior y el interior de la vivienda, accionar artefactos (como cocinas, hornos, calefactores, equipos de refrigeración, portones de garages, iluminación, sensores, alarmas, etc.) con mejor aprovechamiento del tiempo y brindando seguridad.

La domótica tambien ofrece la posibilidad de acceso a servicios externos como la telecompra, *la teleasistencia, la telemedicina,* etc.

Teleasistencia: "ésta consiste en un dispositivo electrónico que conecta al Adulto Mayor que se encuentra viviendo solo, con una central atendida por personal técnico especializado, que puede prestarle cualquier tipo de ayuda en cualquier momento, a través de la vía telefónica con un sistema de manos libres adecuado" (IMSERSO, Instituto de Migraciones y Servicios Sociales España, 1997).
Es un servicio dirigido especialmente a aquellos Adultos Mayores que presentan un elevado grado de discapacidad o un alto riesgo sanitario, y que entendemos debe ser extensivo a aquellos que vivan acompañados. Colabora con los servicios sociales y con los cuidados domiciliarios, haciendo mas eficientes las prestaciones de éstos, permitiendo seguir envejeciendo en el propio hogar.

Telemedicina: ésta es complementaria de la teleasistencia, que como lo expresa Pierre Girardin ("Internet Health Services: A Case Study", Canadá, 2003) es el uso de las telecomunicaciones para el diagnóstico médico y el cuidado de los pacientes. En el trabajo mencionado, Pierre Girardin dice "que hay tres dominios para la telemedicina:

1º- Ayudas para las tomas de decisiones.
2º- Controles y sensores a distancia.
3º- Ayudas que colaboran para el manejo en tiempo real de pacientes a distancia".

Gestión de la Domótica

Sobre este tema dice el ingeniero J. M. Huidobro Moya:
"La domótica se encarga de gestionar principalmente los

siguientes cuatro aspectos del hogar:
Energía eléctrica: en este campo, la domótica se encarga de gestionar el consumo de energía, mediante temporizadores, relojes programadores, termostatos, etc. También se aprovecha de la tarifa nocturna mediante acumuladores de carga.
Confort: la domótica nos proporciona una serie de comodidades, como pueden ser el control automático de los servicios de: calefacción, agua caliente, refrigeración, iluminación y la gestión de elementos como: accesos, persianas, toldos, ventanas, riego automático, etc.
Seguridad: la seguridad que nos proporciona un sistema domótico es mas amplia de la que nos puede proporcionar cualquier otro sistema, pues integra los tres campos de la seguridad que normalmente estan controlados por sistemas distintos:

- Seguridad de los bienes: gestión del control de acceso y control de presencia, así como la simulación de presencia. Alarma ante intrusiones.
- Seguridad de las personas: especialmente para las personas mayores y enfermos. Mediante el nodo telefónico, se puede tener acceso (mediante un pulsador de radiofrecuencia que se lleve encima, por ejemplo) a los servicios de ambulancia, policía, etc.
- Incidentes y averías: mediante sensores se pueden detectar incendios y las fugas de gas y agua y, por medio del nodo telefónico, desviar la alarma hacia los bomberos, por ejemplo. Tambien se pueden detectar averías en los accesos, en los ascensores, etc.

Comunicaciones: este aspecto es imprescindible para acceder a la multitud de servicios ofrecidos por los operadores de telecomunicaciones. La domótica tiene una característica fundamental que es la integración de sistemas, por eso hay nodos (pasarela residencial) que interconectan la red domótica con diferentes dispositivos, como Internet, la red telefónica, etc.”

A estas formas de gestión de la domótica agregamos un cuadro de asistencias domóticas posibles para Adultos Mayores autoválidos o con discapacidades.

Tipos de problemas	Soluciones domóticas
Capacidades sensoriales: 1- Visuales: 2- Auditivas:	Teleservicios. Regulación de la iluminación. Modulación de las conversaciones.
Termoregulación	Control automático de la temperatura.
Capacidades motrices	Telecomando (aparatos domésticos, iluminación), teleservicios (compras, transacciones bancarias).
Fuerza y agilidad	Desplazamientos mecanizados de objetos (apertura de ventanas, etc).
Alerta y vigilancia	Alarmas, ayuda-memorias, llamadas.
Soledad, aburrimiento, sentimiento de inutilidad	Teletrabajo, entretenimientos (videos, etc) telecontactos.
Parálisis	Interfases especializadas (p. ej.: para cuadripléjicos), robótica doméstica asociada a la domótica.
Enfermedades diversas	Control de la calidad del aire, televigilancia de la salud, alarmas médicas, climatización, teleconsulta.
Inseguridad subjetiva	Sistemas de seguridad fuego-robo, porteros electrónicos, telecomando de las alarmas de urgencia.
Accidentes	Control de temperatura del agua del baño, vigilancia nocturna, detención automática de aparatos peligrosos, telealarma de urgencia.
	(Pierre Girardin en "La Domotique").

Desde ya, que los elementos fijos de los sistemas domóticos (como conductos, cajas de pases y tableros) es conveniente que queden incorporados desde el proyecto y la construcción, aunque las cañerías queden vacías de cables. Esto permitirá la instalación posterior del sistema, cuando éste sea necesario y economicamente posible.

La Domótica aplicada al control de incendios

Los sistemas domóticos, así como permiten la detección de los incendios y emitir las alarmas correspondientes, en el caso de edificios de varios pisos (como podrían ser algunos ejemplos de viviendas protegidas, asistidas, residencias de larga estadía, etc.) tienen capacidad para actuar de distintos modos durante el desarrollo de los incendios. Una de sus grandes ventajas es la detección rápida para llegar a tiempo con el ataque del fuego y no tener que evacuar los edificios. Los sistemas, domóticos de alarma no sólo detectan el incendio sinó que pueden indicar cual es la parte del edificio afectada, a la vez de dar alarmas remotas (dentro y fuera del edificio).
Pueden accionar los distintos sistemas de extinción, liberar puertas de escape (que estuviesen cerradas) enviar los ascensores a las plantas bajas y detener sus marchas, realizar los cortes de energía eléctrica y de los sistemas de ventilación y aire acondicionado. También se puede obtener la extracción de humos y gases hacia el exterior. Tras la detección se puede aislar el área afectada, activando los sistemas de presurización en pisos no afectados por el incendio, despresurizando el área afectada para que no aumente el fuego ni se propague.
El gran envejecimiento poblacional en los países desarrollados ha llevado a estos a tener muy en cuenta a la domótica, como forma de mantener a sus poblaciones envejecidas en sus hogares, con la posibilidad de brindarles un

conjunto de prestaciones de calidad. Esto promovió la realización de investigaciones tanto estatales como privadas y la creación de centros especializados y el desarrollo de industrias de avanzada que ofrecen en el mercado internacional sus sistemas que incorporan permanentemente nuevas funciones. Entre los países que se han interesado mucho en el tema están los EE.UU. de América, Japón, Gran Bretaña, Francia, Alemania y los Paises Escandinavos.

En nuestro país, desde hace algunos años, el tema ha empezado a difundirse, existiendo ya varias empresas que desarrollan, comercializan e instalan los sistemas domóticos. Esta temática ya aparece en congresos y jornadas sobre tecnologías aplicadas a los Adultos Mayores. En julio del año 2007 se realizó un importante evento, "Expo Casa Domótica", en el marco del Primer Congreso Argentino de Domótica.

Extendiéndonos fuera del campo gerontológico, esta nueva tecnología, la domótica, es de aplicación para todos los grupos etarios, ya que puede brindar seguridad, confort y ahorro de energía.

Capítulo 9

El Hábitat para los Adultos Mayores y los Congresos Internacionales de Gerontología

En las páginas de este capítulo el lector encontrará abundante información sobre como se fue produciendo el desarrollo de la temática del Hábitat para los Adultos Mayores en el mundo, a través de su tratamiento específico y de temas conexos en los diversos congresos internacionales de gerontología.

Es importante conocer el desarrollo y evolución de los temas tratados, asumiendo que el campo de la arquitectura con relación a los Adultos Mayores es un campo muy amplio y que está en permanente evolución, no sólo en paralelo con la gran preocupación mundial por el envejecimiento poblacional y la futura calidad de vida de los ancianos, sino tambien por la incidencia de las políticas públicas en materia de vivienda, salud, aspectos jubilatorios, accesibilidad al medio físico, el transporte y la recreación, junto con las nuevas tecnologías.

La primera vez que apareció el tema del Hábitat para los Adultos Mayores, fue en el segundo congreso de la International Association of Gerontology (IAG), en Saint Louis, Missouri, EE.UU. de América (1951). Se contó en él, con cinco comunicaciones sobre viviendas especiales para Adultos Mayores y otras cuatro sobre temas de Hábitat asistencial.

En sucesivos congresos de la IAG se fue incorporando esta temática del Hábitat para los Adultos Mayores.

En el congreso de Merano-Venecia, Italia (1957) se volvieron

a tratar los temas antes mencionados. En el de Copenhague, Dinamarca (1963) se presentaron diversos tipos de viviendas y propuestas de urbanizaciones suburbanas y rurales. En el de Viena, Austria (1966) se puso de relieve la importancia del entorno social de las viviendas. En el de Washington, EE.UU. de América (1969) se consideró la incidencia de la vivienda para los Adultos Mayores como factor de integración social.
Desde el congreso de Kiev, en la ex Unión Soviética (1972), pasando por el de Jerusalem, Israel (1975) y por el de Tokio, Japón (1978) se fue observando el incremento del número de arquitectos participantes en estos congresos. En el último congreso mencionado, se presentaron trabajos sobre remodelaciones de viviendas, para adaptarlas a las nuevas necesidades de las parejas de Adultos Mayores, en ámbitos urbanos y rurales.
Poco a poco se fue poniendo cada vez mas de relieve la importancia de los entornos favorecedores y de los servicios que debe incluir el Hábitat, para mejorar la calidad de vida de los Adultos Mayores.
En el congreso de Nueva York, EE.UU. de América (1985) se presentaron más de 20 trabajos. El siguiente congreso se realizó en Budapest, Hungría (1993). Posteriormente se realizó el de Charleston, Lousiana, EE.UU. de América (2000), donde se trató el tema del envejecimiento rural.
En el congreso de Vancouver, Canadá (2001) se trataron los siguientes temas relacionados con la arquitectura y los Adultos Mayores:

a) Soluciones creativas para la vivienda de los muy ancianos.
b) Vivienda para una sociedad envejeciente.
c) Vivienda para un envejecimiento exitoso.
d) Impacto del entorno sobre la salud, el envejecimiento y la demencia.
e) Iniciativas públicas para la provisión de Servicios

de Asistencia para ancianos frágiles que viven en viviendas subsidiadas.
f) Viviendas inteligentes, seguridad y confort para Adultos Mayores.

Tras este congreso, se realizó el de Valencia, España (2002) previo a la Segunda Asamblea Internacional sobre el Envejecimiento de la Organización de las Naciones Unidas, Madrid, España (2002). En este congreso se trataron muchísimos temas y entre los que consideramos importantes destacar están:

- Envejecimiento rural.
- Expansión mundial de los programas de viviendas compartidas.
- Estudio sobre las preferencias de los Adultos Mayores de ser cuidados en residencias de larga estadía o en sus hogares.
- Adultos mayores viviendo solos en las ciudades del mundo.
- Redes familiares y Servicios de apoyo público de vivienda para ancianos frágiles.
- Gestión del cambio durante la reconstrucción y restauración de residencias.
- Provisión de viviendas y el modelo social sobre el envejecimiento.
- Procurando entornos libres de barreras.
- Diseño para todos.
- Accesibilidad universal para toda la vida.
- Adultos Mayores y las nuevas tecnologías.
- Tecnología para la asistencia: ¿ayuda o carga?

El último congreso de la IAG fue realizado en Río de Janeiro, Brasil (2005) y a partir de ese momento fue denominada como IAGG (International Association of Gerontology and Geriatrics). En este congreso, los temas del Hábitat para la Tercera Edad aparecieron en un panel denominado "Diseño y políticas para la vivienda asistida". En este panel se presentaron trabajos sobre los siguientes temas:

1.- Vivienda asistida en la Columbia Británica.
2.- Casas adaptadas para los ancianos.
3.- Diseño de viviendas para los ancianos rurales de Sud América.
4.- Residencias de larga estadía y hogares de día.

Por otra parte, surgió en 1994 la International Association for Homes and Services for the Ageing, (IAHSA). Su misión era la de promover la provisión de servicios y productos para asistir a los Adultos Mayores, autoválidos, frágiles y con discapacidades.
Entre sus metas estaban el promover la educación, la investigación y la interacción profesional, el intercambio de información sobre envejecimiento, cuidados, diseño arquitectónico y accesibilidad.
La primera actividad pública de la IAHSA fue en Florida, EE.UU. de América (1994), en el marco del 33° encuentro anual de la AAHSA (American Association of Homes and Services for the Aging), bajo el lema de "Vida independiente: tecnología, cuidados y entornos para la vida".
El enfoque básico era sobre el rol de la tecnología en la mejora de la calidad de vida de los ancianos y el cuidado de los ancianos frágiles y personas con discapacidades.
Los temas más destacados que se trataron fueron:

- Diseños y modificaciones de la vivienda de personas con discapacidades:

  Se expuso la conveniencia del uso de tecnologías simples y avanzadas para sostener la vida independiente de personas con discapacidades y ancianos con severas limitaciones en las actividades de la vida diaria.

- Tecnología y adaptación de viviendas de personas con

enfermedad de Alzheimer:
Se consideró muy importante mejorar el entorno para favorecer la permanencia de los enfermos de Alzheimer en sus propios hogares.
Se destacó la ayuda de la tecnología para aliviar la carga de trabajo de los cuidadores en temas como el control de la deambulación, de los accidentes y del aislamiento social.
- Tecnología para cuidados de avanzada en la vivienda:
Se mostraron desarrollos en computación, información automatizada, sistemas de referencia, respuestas ante emergencias, monitoreo ambiental y asistencia tecnológica para mantener a las personas con discapacidades crónicas en su propio entorno.
Pocos años despues de la aparición del término "Domótica", su uso y las comunicaciones sobre el mismo, empezaron a estar más presentes y a desarrollarse en el campo gerontológico, con concretas aplicaciones desde la arquitectura y la industria para la construcción.
- La Etica y el uso de la tecnología en el cuidado de los ancianos:
Se examinaron conceptos éticos relacionados con el trato correcto, lo moral y lo benéfico a la luz de lo que es efectivo, eficiente y economicamente factible. Se discutió sobre la identificación de prioridades y la asignación de los recursos cuando estos son escasos. Se consideraron las situaciones de frustración ante el aprendizaje de las nuevas tecnologías y se exploraron su efectividad y seguridad. Se analizó el efecto sobre la calidad de vida cuando los avances tecnológicos se incorporan a los planes de cuidados.
- Tecnología, Salud y Entorno con relación a los países en desarrollo:
Se consideraron los problemas inherentes a la transferencia tecnológica a países sin recursos económicos, receptivi-

dad cultural o capacidad industrial para absorberla en el uso cotidiano. Se exploró sobre la factibilidad ética y económica de la transferencia de tecnología por parte de aquellos que desean ayudar a los países en desarrollo a lograr la igualdad tecnológica.

Asimismo se planteó examinar la sensibilidad cultural y su relación con las tecnologías de mantenimiento de la independencia. Tambien se compararon las antiguas formas operativas con las más modernas. Se hizo hincapié en que la tecnología debe ser accesible y utilizable por las personas a las que está destinada.

El resultado de este evento de la IAHSA puso de manifiesto que los materiales modernos y los controles del entorno basados en la informática pueden ser combinados para producir viviendas que verdaderamente sostengan la vida independiente de los Adultos Mayores.

La IAHSA desarrolló congresos en Barcelona, España (1997), en Hawaii, EE.UU. de América (1999), en Vancouver, Canadá (2001), en Valencia, España (2002) y en Trondheim, Noruega (2005).

En el congreso de Hawaii (1999) entre los temas tratados en el panel sobre "Servicios para la vejez en América Latina", se presentaron trabajos sobre residencias de larga estadía de colectividades, comunidades de retiro con cuidados continuos y viviendas independientes. Otro panel fue el denominado "Aumentando la independencia a través de la asistencia tecnológica". En uno de los trabajos presentados se mostraba el incremento de las adaptaciones en un elevado porcentaje de viviendas de Adultos Mayores en los EE.UU. de América y cómo ello contribuía a mejorar la calidad de vida.

En el congreso de Vancouver (2001), se presentaron trabajos como:

- "Hábitat seguro y estimulante en la vejez".
- "Vivienda independiente, vivienda asistida y comuni-

dades de retiro con cuidados continuos: ¿En que se parecen? ¿En que se diferencian?".
- "Senderos hacia el bienestar en diferentes tipos de viviendas".
- "Estrategias legales para viviendas de Adultos Mayores en la Argentina".

En el congreso de Valencia (2002), la IAHSA sostuvo que "los países en desarrollo y los ya desarrollados deben ser activamente estimulados para crear y sostener viviendas y servicios integrales de cuidados para las personas envejecidas que esten basados en la necesidad y provistos a traves de políticas integrales, recursos financieros y mecanismos regulatorios".
En el congreso de Trondheim (2005) se trataron los siguientes temas:

- Tendencias en el diseño para la vejez.
- Tecnologías de avanzada para una vida independiente en la vejez.
- La tecnología en los servicios para la vejez.

Asambleas Mundiales sobre el Envejecimiento

Auspiciadas por la Organización de las Naciones Unidas se desarrollaron entre 1982 y 2002, dos Asambleas Mundiales sobre el Envejecimiento.

1ra Asamblea Mundial sobre el Envejecimiento, Viena, Austria (1982)

Realizada por la Organización de las Naciones Unidas, se desarrolló en Viena, entre los días 26 de julio y el 6 de agosto de 1982 la 1ra Asamblea Mundial sobre el Envejecimiento. En el capítulo dedicado a "Vivienda y Medio Ambiente" se

destacaba la importancia sobre la calidad de vida, del alojamiento adecuado y de un ambiente físico agradable para los Adultos Mayores. También se comentaban los problemas planteados por la circulación de los vehículos y los medios de transporte, y especialmente los relacionados con el medio peatonal.
A continuación transcribimos las recomendaciones expresadas para el capítulo mencionado recientemente:

Recomendación 19:
Debe considerarse que la vivienda destinada a los ancianos es algo más que un mero albergue. Además del significado material, tiene un significado psicológico y social que debe tomarse en consideración. A fin de liberar a las personas de edad de la dependencia de otras personas, las políticas nacionales en materia de vivienda deben perseguir los siguientes objetivos:

a) contribuir a que las personas de edad permanezcan en sus propios hogares mientras sea posible, mediante la restauración y el desarrollo cuando resulte posible y conveniente, mediante la reestructuración y el mejoramiento de las viviendas en sí mismas, así como su adaptación a las posibilidades de acceso y a la utilización por parte de las personas de edad;

b) programar y construir –en el marco de una política en materia de vivienda que prevea tambien el otorgamiento de financiación oficial y de acuerdo con la iniciativa privada– viviendas para personas de edad, que tengan en cuenta las diferentes categorías de estado civil y el grado de autonomía de dichas personas, con arreglo a las tradiciones y costumbres locales;

c) coordinar las políticas en materia de vivienda con las políticas encaminadas a la puesta en práctica de los servicios comunitarios (sociales, sanitarios, culturales, de esparcimiento, de comunicaciones), a fin de conceder a las viviendas destinadas a las personas de edad, siempre que esto sea posible, una posición especialmente favorable con respecto a las viviendas destinadas al conjunto de la población;

d) elaborar y aplicar políticas y medidas especiales, asi como prever dispositivos concebidos para permitir el desplazamiento de las personas de edad y para protegerlas contra los peligros de la circulación;

e) a su vez, dicha política deberá estar enmarcada en la política más amplia de ayuda a las capas más desfavorecidas de la población.

Recomendación 20:

La legislación y la planificación en materia de desarrollo y reconstrucción urbanos, deberán prestar especial atención a los problemas de las personas de edad, contribuyendo a su integración social.

Recomendación 21:

Debe alentarse a los gobiernos nacionales a que adopten políticas en materia de vivienda en las que se tomen en consideración las necesidades de las personas de edad y de los que estan socialmente en desventaja. Un ambiente para vivir diseñado con miras a apoyar las capacidades funcionales de este grupo debe formar parte integrante de las directrices nacionales para las políticas y las medidas relativas a los asentamientos humanos.

Recomendación 22:

Debe prestarse especial atención a los problemas ambientales y al diseño de un entorno para la vida en el cual se tenga en cuenta la capacidad funcional de los ancianos y se facilite la movilidad y la comunicación mediante el suministro de medios de transporte adecuados. El medio en que viven las personas de edad debe concebirse con el apoyo de los gobiernos, las autoridades locales y las organizaciones no gubernamentales, de forma que puedan seguir viviendo, si así lo desean en un ambiente que les resulte familiar, y en el que su participación en la comunidad sea prolongada y tengan la oportunidad de llevar una vida plena, normal y segura.

Recomendación 23:
La creciente proporción de delitos que se cometen en algunos países contra las personas de edad, convierte en víctimas no sólo a los directamente afectados, sino a las numerosas personas de edad que tienen temor de abandonar sus hogares Se debe tratar de aumentar la conciencia de los organismos encargados de hacer cumplir la ley y de los ancianos sobre la cantidad de delitos contra las personas de edad y las repercusiones de tales delitos

Recomendación 24:
En la medida en que resulte posible, las personas de edad deberán participar en la elaboración de las políticas y programas de vivienda relativos a la población senescente.

2da Asamblea Mundial sobre el Envejecimiento, Madrid, España (2002)

20 años más tarde, la Organización de las Naciones Unidas realizó la 2da Asamblea Mundial sobre el Envejecimiento, entre los días 4 y 12 de abril de 2002 en Madrid.
En esta 2da Asamblea se prestó mucha atención a los temas de desarrollo rural, migraciones y urbanización.
Con respecto a los Adultos Mayores de las zonas rurales de los países desarrollados y países con economías en transición, se observaba que suelen carecer de los servicios básicos y que los recursos económicos y comunitarios de que disponen son insuficientes.
Se indicaba que los Adultos Mayores migrantes de zonas

rurales a zonas urbanas lo hacen en condiciones de pobreza, en busca de servicios. Por ello se recomendó:

1- El mejoramiento de las condiciones de vida y de la infraestructura de las zonas rurales.
2- Alivio de la marginación de las personas de edad en las zonas rurales.
3- Integrar a los migrantes de edad avanzada en sus nuevas comunidades.

Se expresaba favorecer el diseño de viviendas que promuevan la coexistencia intergeneracional cuando resulte apropiado desde el punto de vista cultural y los individuos lo deseen.

Se destacó también la importancia de:

- "Determinar los principales factores ambientales y socio-económicos que contribuyen a la aparición de enfermedades y discapacidad en la vejez".
- "Adoptar formas de intervención temprana para impedir o posponer la aparición de enfermedades y discapacidades".
- "Prevenir las lesiones involuntarias, promoviendo una mejor comprensión de sus causas, adoptando medidas de protección de los peatones, ejecutando programas para prevenir las caídas, reduciendo al mínimo los riesgos (incluso el de incendio) en el hogar, y proporcionando asesoramiento en cuestiones de seguridad".
- "Mantener una capacidad funcional máxima durante toda la vida y promocionar la plena participación de las personas de edad con discapacidad".
- "Promover la construcción de viviendas para personas de edad discapacitadas en las que se reduzcan los obstáculos y se potencien los estímulos para llevar una vida independiente, y siempre que sea posible, hacer accesible a las personas de edad con discapacidades los

espacios, transportes y otros servicios públicos, asi como los locales y servicios comerciales que utilice el público en general".

La Orientación Prioritaria III del Plan de Acción Internacional de la 2da Asamblea Mundial sobre el Envejecimiento era la creación de un entorno propicio y favorable. En ella se resaltaba lo siguiente:
"Para las personas de edad, la vivienda y el entorno son particularmente importantes debido a factores como la accesibilidad y la seguridad, la carga financiera que supone mantener un hogar y la importante seguridad emocional y psicológica que brinda el hogar. Es un hecho reconocido que una vivienda satisfactoria puede ser beneficiosa para la salud y el bienestar. También es importante que, siempre que sea posible, las personas de edad tengan la posibilidad de elegir debidamente el lugar donde quieren vivir, factor que es preciso incorporar a las políticas y programas".
Para ello se proponían los siguientes objetivos:

Objetivo 1- *Promover el envejecimiento en la comunidad en que se ha vivido teniendo debidamente en cuenta las preferencias personales y las posibilidades en materia de vivienda asequible para las personas de edad.*

Medidas:

a) promover el desarrollo de comunidades en que se integren las distintas edades.
b) coordinar los esfuerzos multisectoriales que se realicen para apoyar el mantenimiento de la integración de las personas de edad con sus familias y comunidades.
c) alentar las inversiones en infraestructuras locales como las de transporte, salud, sanidad y seguridad,concebidas en apoyo de comunidades multigeneracionales.
d) instaurar y apoyar iniciativas dirigidas a facilitar el acceso de las personas de edad a los bienes y servicios.

e) promover la asignación equitativa de viviendas sociales a las personas de edad.

f) vincular la vivienda asequible con los servicios de protección social para lograr la integración de las condiciones de alojamiento, la atención a largo plazo y las oportunidades de interacción social.

g) promover el diseño de viviendas adaptadas a la edad de sus habitantes y accesibles y garantizar la facilidad de acceso a los edificios y espacios públicos.

h) proporcionar a las personas de edad, a sus familias y a las personas que las cuidan, información y asesoramiento, de modo oportuno y eficaz, sobre las opciones de que disponen en materia de vivienda.

i) garantizar que en las viviendas destinadas a las personas de edad se tengan suficientemente en cuenta sus necesidades de asistencia y culturales.

j) promover la creciente variedad de opciones existentes en materia de vivienda para las personas de edad.

Objetivo 2- *Mejoramiento del diseño ambiental y de la vivienda para promover la independencia de las personas de edad, teniendo en cuenta sus necesidades, particularmente las de quienes padecen discapacidades.*

Medidas:

a) velar por que en los nuevos espacios urbanos no haya obstáculos a la movilidad y al acceso.

b) promover el uso de tecnología y de servicios de rehabilitación concebidos para propiciar una vida independiente.

c) diseñar alojamientos y espacios públicos que satisfagan la necesidad de disponer de viviendas compartidas y multigeneracionales.

d) ayudar a las personas de edad a conseguir que sus viviendas estén libres de obstáculos a la movilidad y al acceso.

Objetivo 3- *Mejorar la disponibilidad de transporte accesible y económicamente asequible para las personas de edad.*

Medidas:

a) mejorar la disponibilidad de servicios eficientes de transporte público en las zonas rurales y urbanas.
b) facilitar el crecimiento de las nuevas formas de transporte público y privado en las zonas urbanas como el de las empresas y servicios basados en la vecindad.
c) promover el adiestramiento y la evaluación de los conductores de edad, el diseño de carreteras más seguras y nuevos tipos de vehículos que tengan en cuenta las necesidades de las personas de edad y de las personas con discapacidades.

Finalmente, en la Asamblea de Madrid se reconoció la necesidad de estimular la investigación científica y el aprovechamiento del potencial de la tecnología. Respecto de esto último, se insistió mucho en garantizar que las tecnologías de la información y de las comunicaciones lleguen a todas las personas envejecientes, teniendo en cuenta las necesidades de las mujeres de edad. Tambien se indicó que se debe vincular el envejecimiento con otros marcos del desarrollo social y económico y con los derechos humanos.

"Es indispensable reconocer la capacidad de las personas de edad para hacer aportes a la sociedad no sólo tomando la iniciativa para su propio mejoramiento sino tambien para el mejoramiento de la sociedad en su conjunto.
Un pensamiento progresista reclama que aprovechemos el potencial de la población que envejece como base del desarrollo futuro." (Madrid, 2002).

Capítulo 10

Los Adultos Mayores desde la óptica de la Organización de las Naciones Unidas y desde la Legislación Argentina

Resolución 46/91 de la Organización de las Naciones Unidas

El 16 de diciembre de 1991 la Asamblea General de las Naciones Unidas adoptó la Resolución 46/91, que incluye los principios de las Naciones Unidas en favor de las personas de edad. Se exhortó a los gobiernos a que incorporen estos principios en sus programas nacionales cuando fuere posible. Estos son:

Independencia

Las personas de edad deberán:

- tener acceso a alimentación, agua, vivienda, vestimenta y atención de salud adecuados, mediante ingresos, apoyo de sus familias y de la comunidad y su propia autosuficiencia;
- tener la oportunidad de trabajar o de tener acceso a otras posibilidades de obtener ingresos;
- poder participar en la determinación de cuando y en que medida dejarán de desempeñar actividades laborales;
- tener acceso a programas educativos y de formación adecuados;
- tener la posibilidad de vivir en entornos seguros y adaptables a sus preferencias personales y a sus capacidades en continuo cambio;

- poder residir en su propio domicilio por tanto tiempo como sea posible.

Participación

Las personas de edad deberán:

- permanecer integradas en la sociedad, participar activamente en la formulación y la aplicación de las políticas que afecten directamente a su bienestar y poder compartir sus conocimientos y habilidades con las generaciones más jóvenes;
- poder buscar y aprovechar oportunidades de prestar servicio a la comunidad y de trabajar como voluntarios en puestos apropiados a sus intereses y capacidades;
- poder formar movimientos o asociaciones de personas de edad avanzada.

Cuidados

Las personas de edad deberán:

- poder disfrutar de los cuidados y la protección de la familia y la comunidad de conformidad con el sistema de valores culturales de cada sociedad;
- tener acceso a servicios de atención de salud que les ayuden a mantener o recuperar un nivel óptimo de bienestar físico, mental y emocional, así como a prevenir o retrasar la aparición de las enfermedades;
- tener acceso a servicios sociales y jurídicos que les aseguren mayores niveles de autonomía, protección y cuidado;
- tener acceso a medios apropiados de atención institucional que les proporcionen protección, rehabilitación y estímulo social y mental en un entorno humano y seguro;
- poder disfrutar de sus derechos humanos y libertades fundamentales cuando residan en hogares o instituciones donde se les brinden cuidados o tratamiento con pleno respeto de su dignidad, creencias, necesidades e intimidad, así como de su derecho a adoptar decisiones sobre su cuidado y sobre la calidad de su vida.

Autorrealización

- Las personas de edad deberán:
- poder aprovechar las oportunidades para desarrollar plenamente su potencial;
- tener acceso a los recursos educativos, culturales, espirituales y recreativos de la sociedad.

Dignidad

Las personas de edad deberán:

- poder vivir con dignidad y seguridad y verse libres de explotaciones y de malos tratos físicos o mentales;
- recibir un trato digno, independientemente de la edad, sexo, raza o procedencia étnica, discapacidad u otras condiciones y han de ser valoradas independientemente de su contribución económica.

Los Adultos Mayores y la Constitución Nacional Argentina

En el Capítulo IV, de "Atribuciones del Congreso", dentro del artículo N° 75, y especificamente en el inciso 23) de nuestra Constitución Nacional (reformada en 1994), se expresa que corresponde al Congreso:
"Legislar y promover medidas de acción positiva que garanticen la igualdad real de oportunidades y de trato, y el pleno goce y ejercicio de los derechos reconocidos por esta Constitución y por los tratados internacionales vigentes sobre los derechos humanos, en particular respecto de los niños, las mujeres, los ancianos y las personas con discapacidad."
Los tratados internacionales a que se refiere el artículo N° 75, inciso 23, tienen por el inciso 22 (del mismo artículo) jerarquía constitucional. Los tratados a que se hace referencia son:

- Declaración Americana de los Derechos y Deberes del

Hombre (IX Conferencia Internacional Interamericana, 1948).
- Declaración Universal de los Derechos del Hombre (ONU, 1948).
- Convención para la Prevención y la Sanción del Delito de Genocidio (ONU, 1948).
- Convención sobre la Tortura y otros Tratos o Penas Crueles Inhumanos o Degradantes (ONU, 1948).
- Pacto Internacional de Derechos Económicos, Sociales y Culturales (ONU, 1966).
- Pacto Internacional sobre Derechos Civiles y Políticos (ONU, 1966)
- Convención Americana sobre Derechos Humanos (San José de Costa Rica, 1969).
- Convención Internacional sobre la Eliminación de todas las Formas de Discriminación Racial (ONU, 1967).
- Convención Sobre la Eliminación de Todas las Formas de Discriminación contra la Mujer (ONU,1979).
- Convención sobre los Derechos del Niño (ONU, 1989).

Por lo tanto, se verifica que no existen –de acuerdo con la documentación nacional e internacional de nuestro conocimiento– ni convenciones ni tratados internacionales sobre derechos especiales de los Adultos Mayores, posiblemente por considerarlos como integrantes de la sociedad, lo que por un lado estimamos como correcto (siempre y cuando estén realmente incluidos en esta última) pero que por otro lado, desde una perspectiva de vulnerabilidad, creemos que deberían ser considerados especialmente, a través del cumplimiento de las disposiciones constitucionales.
Creemos que en el desarrollo del capítulo anterior hemos mostrado gran parte de los temas que se han tratado, relacionados con el Hábitat para los Adultos Mayores, en los distintos Congresos Gerontológicos internacionales y nacionales. En este mismo capítulo hemos desarrollado

los Tratados y Convenciones Internacionales asi como el tratamiento que nuestra propia Constitución Nacional da a este sector etario. Pero tambien la realidad muestra los escasos avances y los muchos retrocesos que se han ido produciendo sobre la calidad de vida de los Adultos Mayores.

En estos últimos 20 años, tanto organismos de gobierno como organizaciones de profesionales de la sociedad civil, elevaron al Congreso Nacional distintos anteproyectos de leyes sobre esta temática, sin que se haya promulgado ninguna de ellas.

Es por ello que, en defensa de los derechos de los Adultos Mayores, creemos que no tiene sentido esperar las demoradas, justas e importantes acciones que corresponden al Estado, que o no las realiza o las ignora, sino que estimamos que las organizaciones de la sociedad civil -especialmente las que reunen a los Adultos Mayores- deben ejercer sus derechos ciudadanos exigiendo el cumplimiento de todas las disposiciones en los temas que hacen a su calidad de vida: vivienda, salud, educación, jubilaciones y pensiones, accesibilidad al medio físico, recreación, etc.

Paralelamente a las acciones enunciadas más arriba que se puedan ejercer desde la sociedad civil, existe el campo de acción desde las campañas de sensibilización y concientización hasta el de la educación sobre esta problemática.

La investigación, la publicación de trabajos, los cursos de capacitación, posgrados, maestrías y Congresos sobre la temática gerontológica deben ser muy tenidos en cuenta cómo factores que pueden influir en la opinión pública para que a través de la presión que la sociedad civil pueda ejercer, el Estado cumpla y haga cumplir con las obligaciones legales en relación a los Adultos Mayores.

Capítulo 11

NECESIDADES ECONÓMICAS DE LOS ADULTOS MAYORES Y ASPECTOS FINANCIEROS RELACIONADOS CON LA VIVIENDA

Es un hecho conocido por todos, que en nuestro país, a partir de la edad jubilatoria, no es posible para los Adultos Mayores, acceder a créditos hipotecarios para ser aplicados a distintos fines. Sin embargo, en muchos países del mundo existe un instrumento financiero creado especialmente para este sector etario y que se llama "Hipoteca Revertida". En nuestro país en 1999, se presentó una propuesta que denominaremos "Sistema de renta vitalicia con uso de la vivienda."

La Hipoteca Revertida

El Dr. en Economía Alberto Guido Servente escribió un libro titulado "La Hipoteca Revertida" (Editorial Abeledo-Perrot, Buenos Aires, Argentina, 1995) en el cual expresa lo siguiente:
"Se define en general a la Hipoteca Revertida como un préstamo dirigido a personas mayores de cierta edad, que desean obtener un ingreso de su propiedad inmobiliaria, sin venderla. Más precisamente, es una operación crediticia, mediante la cual, el acreedor o financista ofrece contra la afectación hipotecaria del inmueble en que habita el tomador:

a- una suma determinada en un pago al comienzo del contrato.

b- pagos mensuales durante su duración.
c- una línea de crédito para usar a voluntad del deudor.
d- una combinación de estas posibilidades.

La deuda contraida deberá ser cancelada al final de un plazo prefijado o al ocurrir circunstancias que afecten al deudor".

"Estos préstamos con Hipoteca Revertida... están diseñados para ser atractivos a personas que pasando determinada edad, ven disminuir sus entradas por no continuar en sus ocupaciones o como consecuencia de la inflación, o por una baja de la tasa de interés que disminuye sus ingresos, calculados sobre algún capital acumulado durante su vida activa. Tambien para aquellos que deben afrontar gastos extraordinarios o motivos de salud y aquellos que no tienen herederos o prefieren consumir en vida todo o parte de su patrimonio inmobiliario.

Desde el punto de vista de los herederos, si bien por un lado, disminuye su futura expectativa, por otro les evita concurrir al mantenimiento de sus mayores.

Otra consideración que se tiene en cuenta para apreciar su conveniencia, es el impacto psicológico que ocurre en general en personas de edad cuando deben abandonar la vivienda donde ha transcurrido su vida o reducir su nivel de gasto.

Los diversos planes ofrecidos permiten la elección entre variantes que apuntan a satisfacer las distintas necesidades o deseos".

Las Hipotecas Revertidas, según el Dr. Servente pueden ser de tres tipos:

1º- de plazo fijo;
2º- de sobrevida en la vivienda;
3º- de sobrevida.

Las de *plazo fijo*, deben ser pagadas una vez transcurrido el plazo pactado.

Las de *sobrevida en la vivienda* sólo se pagan a la muerte del o los deudores, cuando se vende o se procede a transferir la propiedad o cuando se produce un cambio de vivienda.
Las de *sobrevida* son similares a las anteriores, pero permiten mudar de vivienda.

Sistema de renta vitalicia con uso de la vivienda

Este sistema fue presentado por el Ing. Moises Resnick Brenner en el Primer Encuentro Nacional sobre Calidad de Vida (Universidad de Buenos Aires, 30 de septiembre al 1° de octubre, 1999) y en el abstract de presentación decía:
"La presente propuesta se basa en la utilización de herramientas financieras tales como el fideicomiso, los fondos comunes de inversión inmobiliaria y otros, que permitan diseñar un producto que transforme para su propietario, un patrimonio inmobiliario en una renta vitalicia, y al mismo tiempo le otorgue el derecho de uso-habitación de por vida.
La materialización del presente se podría efectuar a través de un Fondo Fiduciario administrado por un Banco, al cual los propietarios de viviendas transfieran el dominio de las mismas a cambio de una renta vitalicia y el uso de la vivienda.
El producto puede compararse con una póliza que garantice al asegurado el cobro de una renta mensual vitalicia continuando además con el uso de por vida de su vivienda, que en definitiva es para lo que la adquirió, obligándose a conservar el bien, haciéndose cargo de los gastos normales de la propiedad, tales como agua, luz, gas, teléfono, expensas comunes, las reparaciones ordinarias de conservación y al pago de contribuciones del mismo modo a que está obligado el usufructuario.
El valor de la renta a recibir por parte del cliente será en función del valor venal de la vivienda, determinado por una tasación de la misma o del valor presente de un flujo

de fondos a recibir por parte del asegurado en función de la esperanza de vida del mismo, del tipo de interés y de los gastos aplicados a la operación.

Experiencias de similares características han sido implementadas en distintos países como el Reino Unido y los Estados Unidos, utilizando las figuras propias del derecho sajón, como lo es el "trust"; por su lado España ha desarrollado algunas operatorias denominadas la "Vivienda Pensión".

"Con la participación de un Banco, se podría encarar una operatoria destinada a aquellos que habiendo logrado ser propietarios de sus viviendas, hoy necesitan contar con una renta sin desprenderse de su casa".

Palabras finales

Este libro recopila un conjunto de conocimientos y de prácticas profesionales que hemos adquirido y desarrollado a lo largo de 20 años, formando un cuerpo de ideas, criterios y conceptos que apuntan a responder a la problemática de los Adultos Mayores en su relación con el Hábitat humano.
No dudamos y creemos haberlo expuesto a lo largo de estas páginas que unicamente con acciones conjuntas, en las que participen las distintas disciplinas del campo gerontológico, será posible no sólo interpretar las necesidades de un número cada vez mayor de Adultos Mayores, sino también dar respuestas desde nuestro campo específico, el de la arquitectura, a esas necesidades.
Por un lado, la evolución científica en los campos de la salud y de las tecnologías, los cambios socio-culturales y los procesos económicos en un mundo globalizado y muy poco equitativo (que tanto impacta en la calidad de vida de los Adultos Mayores) y por otro lado, la mayor participación de estos últimos, como protagonistas directos, en las luchas por la inclusión social, hacen necesario seguir investigando y proponiendo a los gobiernos (nacional, provinciales y locales), desde nuestra especificidad como arquitectos especializados en la temática gerontológica, soluciones al problema del Hábitat para la Tercera Edad (cuando ya la Cuarta empieza a manifestarse).
Un espacio importante es el de la formación de los arquitectos en esta temática. Desde hace mas de 10 años se siguieron desarrollando cursos sobre la misma, en la Facultad de Arquitectura, Diseño y Urbanismo de la

Universidad de Buenos Aires, en la Sociedad Central de Arquitectos, en la Universidad ISALUD, en la Universidad Maimónides, en la Universidad Kennedy, etc.
En la Facultad de Arquitectura, Diseño y Urbanismo (UBA) se dictarán a partir del año 2008, en el marco de grado, una materia optativa denominada "Diseño del Hábitat para la Tercera Edad" y en el marco de posgrado (en el Centro de Actualización Profesional) un curso sobre "Hábitat para la Tercera Edad". Este último curso ya había sido desarrollado en la Facultad a partir de 1996 y fue trasladado años después a la Sociedad Central de Arquitectos.
En la Facultad de Arquitectura, Urbanismo y Diseño de la Universidad Nacional de Mar del Plata se desarrolla desde hace varios años el trabajo del equipo de investigación interdisciplinario del Proyecto "Hábitat y Comunidad para la Tercera Edad", que ha realizado varias publicaciones y presentado trabajos (algunos de ellos ganadores de premios) en los Congresos de la Sociedad Argentina de Gerontología y Geriatría.
En la Universidad Regional de Quilmes (Provincia de Buenos Aires) se dicta actualmente la materia electiva "Propuestas para el Hábitat para la Tercera Edad", en el marco de la carrera de Arquitectura.
La arquitectura y la accesibilidad al medio físico también están presentes en el curso destinado a la especialidad de médicos geriatras de la Asociación Médica Argentina (a cargo de la Sociedad Argentina de Gerontología y Geriatría), en el posgrado de FLACSO sobre "La Temática Gerontológica" y se han incorporado estos temas al programa de la Cátedra Libre de Gerontología, recientemente creada en la Facultad de Medicina de la Universidad de Buenos Aires.
Desde la Sociedad Central de Arquitectos, como creadores y directores del Centro de Investigación y Asesoramiento sobre el Hábitat Gerontológico (CIAHG), hemos realizado,

entre otras actividades afines, las Jornadas sobre "Arquitectura y Enfermedad de Alzheimer" (2003), "Arquitectura y Diseño para un Envejecimiento Saludable" (2004), y la conferencia sobre "Arquitectura para la Tercera Edad en Holanda" (2006), dada por el arquitecto holandés Taco Tuinhof, destacado especialista en la materia y la jornada sobre "Arquitectura, Accesibilidad y Derechos Humanos" (2007).

Asimismo hace también más de 10 años, que los temas del Hábitat para la Tercera Edad están en los programas de los Congresos de Gerontología y Geriatría, Neurología, Alzheimer y Psiquiatría (tanto nacionales como internacionales) y recientemente en el de Kinesiología (Córdoba, noviembre 2007), al reconocerse la importancia de los espacios favorecedores y accesibles en el bienestar de los Adultos Mayores.

Todos estos hechos son la consecuencia de la capacitación y formación de un conjunto de profesionales –especialmente arquitectos– que investigan, publican, enseñan y trabajan activamente en esta temática del Hábitat para la Tercera Edad.

En los últimos años, dado el mayor (aunque lento) reconocimiento por parte de la sociedad de la problemática de los Adultos Mayores, se verifica una fuerte demanda de arquitectos especializados en ésta y en las soluciones para la misma.

A pesar de las incertidumbres acerca del futuro por los cambios climáticos, la globalización sin equidad, el incesante aumento de la población de Adultos Mayores con más años de vida (pero con grandes riesgos de discapacidades físicas y mentales), la baja natalidad que no permite reponer las fuerzas laborales que sostengan de manera solidaria a quienes se han jubilado, nosotros sostenemos la esperanza de que estas páginas colaboren en que la sociedad desarrolle mejores modelos de envejecimiento para poder acercarnos cada vez más a lo que decía Ingmar Bergman:

> *"Envejecer es como subir a una montaña: a medida de que uno asciende la respiración se hace cada vez más dificultosa, la marcha es más pesada, el latido del corazón más apurado, pero la vista del paisaje es cada vez más amplia."*

Arq. Débora Di Véroli

- Planificadora Bowcentrum - Holanda.
- Planificadora Urbana y Regional. FADU-UBA.
- Profesora de Habitat para la Tercera Edad en Facultad de Arquitectura - UBA (posgrado), Sociedad Central de Arquitectos (posgrado), Sociedad Argentina de Gerontología y Geriatría (posgrado).
- Profesora Titular de Medio Ambiente y Envejecimiento en la Universidad ISALUD (Maestría en Gestión de Servicios de Gerontología).
- Titular de los Simposios de Vancouver y Rio de Janeiro sobre Vivienda para la Tercera Edad.
- Panelista invitada en numerosos Congresos de Gerontología Psicogeriatría y Alzheimer nacionales e internacionales.
- Directora del CIAHG (Centro de Investigación y Asesoramiento del Habitat Gerontológico) de la Sociedad Central de Arquitectos.
- Autora de numerosas publicaciones en diversos medios.
- Autora de varios proyectos de vivienda e instituciones para adultos mayores y Alzheimer.

Arq. Eduardo Schmunis

- Director del Centro de Investigación y Asesoramiento para el Hábitat Gerontológico (CIAHG) de la Sociedad Central de Arquitectos.
- Especialista en Accesibilidad al medio físico.
- Coordinador General del Programa Nacional "Ciudades Accesibles".
- Disertante, relator y coordinador de talleres en Congresos, Jornadas y Seminarios nacionales e internacionales de Gerontología, sobre las temáticas del "Hábitat para la Tercera Edad", la "Arquitectura y Enfermedad de Alzheimer" y la "Accesibilidad al medio físico".
- Estudios de posgrado:
  - Sobre "La Temática Gerontológica" en FLACSO.
  - Cursó la Maestría en Gestión de Servicios de Gerontología, en la Universidad ISALUD.
- Docente de cursos de grado y posgrado sobre "Arquitectura y Planeamiento del Hábitat para la Tercera Edad" y "Accesibilidad al medio físico" en:
  - Facultad de Arquitectura, Diseño y Urbanismo (UBA).
  - Sociedad Central de Arquitectos.
  - Universidad Maimonides.
  - Curso Superior de Geriatría de la Sociedad Argentina de Gerontología y Geriatría
  - Diplomatura Bienal de la Sociedad de Gerontología y Geriatría.
  - Curso Superior de Gerontología y Geriatría del Colegio Médico (Secc. San Martín) de la Provincia de Buenos Aires.
  - Cátedra Libre de Gerontología, de la Facultad de Medicina (UBA)
  - Cursos de posgrado en la Facultad de Psicología (UBA)

- Instituciones de Salud del Gobierno de la Ciudad Autónoma de Buenos Aires.

• Ha realizado publicaciones sobre estas temáticas.
• Desarrolló el proyecto, construcción y gestión de Residencias de Larga Estadía para Adultos Mayores.

E-mail: eschmunis@yahoo.com.ar

Indice

www.ingramcontent.com/pod-product-compliance
Lightning Source LLC
LaVergne TN
LVHW050545160826
845677LV00011B/2183

* 9 7 8 9 8 7 5 8 4 1 7 1 0 *